Mireille Gansel

Übersetzen als Weiterziehen

THELEM

Mireille Gansel

ÜBERSETZEN ALS WEITERZIEHEN

Traduire comme Transhumer

Aus dem Französischen von
Maria Weber und Fabian Gregori

Herausgegeben
und mit einem Nachwort
von Walter Schmitz

THELEM

Zu dieser Übersetzung:
Die von Mireille Gansel im Originaltext ins Französische übertragenen deutschsprachigen und vietnamesischen Gedichte sind in die vorliegende deutsche Ausgabe zweisprachig aufgenommen worden. Die deutschsprachigen Vorlagen, insbesondere die Gedichte von Paul Celan, Peter Huchel, Nelly Sachs und Reiner Kunze, werden im ursprünglichen Wortlaut hier abgedruckt; zu den Copyrights siehe diese Seite unten. In allen anderen Fällen haben wir den französischen Übersetzungen von Mireille Gansel sinngemäße Übertragungen ins Deutsche hinzugefügt, die mit dem Kürzel *[Anm. d. Übers.]* gekennzeichnet sind.

Bibliografische Information der Deutschen Nationalbibliothek
Die Deutsche Nationalbibliothek verzeichnet diese Publikation in der Deutschen Nationalbibliografie; detaillierte bibliografische Daten sind im Internet über http://dnb.d-nb.de abrufbar.

Bibliographic information published by the Deutsche Nationalbibliothek
The Deutsche Nationalbibliothek lists this publication in the Deutsche Nationalbibliografie; detailed bibliographic data are available in the Internet at http://dnb.d-nb.de.

ISBN 978-3-945363-08-9

Umschlag: w. e. b., Foto: Natalia Sedyh, Flickr
Satz: Jan Schaldach
Made in EU.

Für Jean Halperin *zal*
Mensch des Lichts und des Friedens

DER STILLE LAUSCHEN

Wenn ein Brief aus Budapest kam, vertiefte sich der Vater in die Lektüre, die Hausgemeinschaft hielt den Atem an und es herrschte eine gottesfürchtige Stille. Nachdem er im Sessel Platz genommen hatte, war er plötzlich ganz weit weg. Dann verkündete er mit einer gewohnten Ernsthaftigkeit: „Heute Abend werde ich ihn euch übersetzen." Jeder war bei dieser Ankündigung dabei und weder er noch die anderen ließen auf sich warten. Ich erinnere mich daran, wie ich der Stille lauschte, in der der Vater die richtigen Worte oder Formulierungen suchte, sich manchmal korrigierte und verbesserte. Geheime Zwischenräume – verborgene Brücken. Das kleine Mädchen liebte es sehr, den Worten zu lauschen, die zu ihr sprachen, mehr noch, diese vom Vater zu hören, der so sparsam mit Komplimenten war. In diesem Augenblick bin ich zum ersten Mal innerlich erblüht, ohne schon die Auswirkung ermessen zu können. Es war ein denkwürdiger Abend. Dies sollte für mich zukünftig „übersetzen" bedeuten. Wie alles Wichtige im Leben ergab es sich einfach so. Nun ging es in dieser Briefpassage um mich – was für ein Glück! Mein Vater übersetzt das erste Wort, den Begriff, den sein Bruder oder eine seiner Schwestern gebraucht hat: „Cherie/Liebes". Er verharrte bei diesem Wort, wiederholte dieses Adjektiv zum ersten Mal – es scheint zunächst ziemlich banal –, dann fuhr er fort, hielt erneut inne und wiederholte es ein zweites Mal. Dies war der entscheidende Moment. Ich traute mich, ihn zu unterbrechen, und fragte: „Aber ist es dasselbe Wort auf Ungarisch?" Er wich aus: „Es bedeutet dasselbe." Ich wagte es, darauf zu beharren: „Aber was bedeutet das Wort auf Ungarisch?" Nach und nach zählte er, beinahe verlegen und wie sich vor einer Schamlosigkeit hütend, die vier magischen Worte auf, die ich niemals vergessen werde: *„dragam – kedvesem – aranyoskam – edesem"*. Fasziniert davon, hetzte ich ihn gnadenlos, flehte ihn an, mir zu „übersetzen", was „jedes" von diesen Worten wohl bedeuten möge.

Dragam: meine Liebe – *Kedvesem*: meine Nette und die anderen zwei Worte, deren sinnliche Genauigkeit für mich unvergesslich blieb: *aranyoskam* – mein kleiner Goldschatz – *edesem* – mein Zuckerstück. An diesem Abend stellte ich fest, dass Worte den Bäumen gleich Wurzeln haben, deren Magie mir mein Vater offen legte: *arany* Gold – *edes* süß und zärtlich. Auf einen Schlag erglühte das Französische vor diesem Spektrum an Gefühlen, beide zärtlich von einem Possessivpronomen umhüllt.

Anhand dieser vier Worte öffnete sich eine neue Welt. Eine Sprache, die aus meiner eigenen hervorgegangen ist. Sowie die Überzeugung, dass kein Wort, welches vom Menschendasein erzählt, unübersetzbar ist.

„KENNST DU DAS LAND…"

Sein Verbot, Ungarisch zu lernen, hatte er gemildert, weshalb mein Vater leiser sprach: „Wenn du mit der Familie kommunizieren möchtest, solltest du Deutsch lernen." „Aber kannst du Deutsch?" Die Antwort meines Vaters war ergreifend: „Ich kenne acht Wörter, die mein Lehrer für die jüdischen Schüler unserer Klasse reserviert hatte. Es sind die einzigen, die er mir eintrichterte: *du bist ein Stück Fleisch mit zwei Augen* – Ich verabscheue die deutsche Sprache." Einige Jahre später verstand das kleine Mädchen, dass diese Abscheu, die in der Trübnis einer Leidens- und Widerstandsgemeinschaft geboren wurde, eine doppelte Ablehnung war: des Deutschen – als Sprache der Verfolger und Peiniger – und des Hebräischen, der Sprache seiner verfolgten und erniedrigten jüdischen Existenz. Seit seiner Kindheit in Balassagyarmat bewahrte er sich Zeit seines Lebens eine Abneigung gegen jede Form von Zweisprachigkeit – ein maßloser Verrat am Wort. Ein Verrat an der Prophetensprache: dem Hebräisch der Frömmigkeit seiner Mutter Deborah, einer aus Mähren stammenden Sprache; dem Hebräisch aus den Gebeten seines Vaters Nathan, einer aus Galizien stammenden Sprache. Ein Land im hintersten Winkel des österreichisch-ungarischen Imperiums, das 1772 während der Aufteilung Polens erfunden und 1918 von der Weltkarte gestrichen wurde. Ein Kreuzweg der Völker und ihrer Sprachen: Polnisch, Ruthenisch, Deutsch, Jiddisch. Ein Land der Not und blutrünstigen Verfolgung, wo die ärmsten unter den Juden aus inbrünstiger Gottesfurcht mythische Wurzeln zu Tage beförderten: den Chassidismus, *hassid-hessed,* ein Land der Güte und der Herzensglut. So auch ihr Großvater Nathan. Er lebte die heiligen Texte, die der Sabbatzeit ihren ganzen Sinn verliehen, in unscheinbaren Gesten aus. Er war Typograph in einer kleinen Druckerei, immer samstags – in seinen verschlissenen, aber würdevollen schwarzen Anzug gekleidet – machte er einen Rundgang durch alle Krankenhäuser

Budapests, setzte sich zu den Kranken, die keinen Besuch bekamen, unterhielt sich mit ihnen und zauberte danach aus seiner Tasche eines der Bonbons hervor, die er für diesen Anlass immer bei sich trug. Am Freitagabend ließ er nach dem Verlassen der Synagoge niemals die alleinstehenden Gemeindemitglieder alleine nach Hause gehen, sondern lud sie ein, sich mit an die große Tafel seiner Familie zu gesellen.

Diese Erinnerungen übersetzte mir meine alte Tante Szerenke in jenes Deutsch, von welchem Appelfeld schrieb: „Es war nicht die Sprache der Deutschen, sondern die meiner Mutter (...). In ihrem Mund nahmen die Worte einen reinen Klang an, als ob sie diese in ein Glöckchen aus exotischem Glas sprechen würde. Die Worte der Sprachen, die uns umgeben, fließen ohne unser Wissen auf uns herab, und gerade diese vier Sprachen formten die deutsche zu einer kontrastreichen, satirischen Sprache mit so vielen Feinheiten und voller Humor. In dieser Sprache gab es viel Platz für Sinneswahrnehmungen, für Gefühlsfreiheit, für Vorstellungskraft und Erinnerung."

Dieses Deutsch von Imre Kertész aus Budapest, von Appelfeld aus Czernowicz, von Tibor aus Prag und des letzten Patriarchen der Familie. Wenn ich ihre Stimmen höre und sie mir entweder von Berlin, Jerusalem oder Haifa erzählen, höre ich gleichzeitig Szerenke und den ganzen kleinen Kreis der Überlebenden. Eine gemeinsame Sprache aus einer Welt, die nicht mehr existiert.

Dieses Deutsch, das von Exilen durchsetzt und über Generationen hinweg wie eine Geige von Land zu Land getragen wurde – in dessen Vibrato sowohl die Akzente und die Intonationen als auch die Worte, die Redewendungen und die übernommene Sprache zurückblieben. Diese deutsche Sprache ist ohne Grenzen, ohne Territorien – eine innere Sprache. Wenn ich es nur mit einem einzigen Wort beschreiben müsste, wäre es *innig* – „tiefgründig, intensiv, glühend".

Dieses Deutsch, welches ich zum Teil noch in der Schule zu Zeiten des österreichisch-ungarischen Reiches gelernt, zum Teil in der familiären Obhut als entgrenzte Sprache erfahren habe. Teilweise traf es auch auf Szerenke zu, die zwar nicht studiert hatte, weil sie die älteste von neun Kindern war, aber sich diese Sprache einprägte, die zur intimen Verständigung mit ihren Eltern gehörte – Nathan, der in Ungarn, und Deborah-Charlotte, die in der Slowakei geboren wurde. Deutsch war die Sprache ihrer Ehe, Hebräisch die Sprache ihrer Gebete.

Szerenke war wie eine Quelle der Erinnerung. Sie sprach in halben Worten, aber die Stille ihres Lächelns zwischen den Worten verriet das Wesentliche; zuallererst ihre grenzenlose Lebenserfahrung. Als sie erfuhr, dass ich in der Oberstufe beschlossen hatte, Deutsch zu lernen, schickte sie mir einen Brief – auf einem Papierbogen gleich einem Himmelsblatt und so leicht wie ein Flügel. Mein erster Brief von „dort", den ich nicht mehr zu übersetzen brauchte. Ihre Schrift tanzte zwischen den Linien umher, und keine Zeichensetzung hätte den Rhythmus ihrer deutlich angestimmten Worte unterbrechen können. Sie ernannte mich zu ihrer „Sekretärin": „selbst wenn ich sie nicht so gut aufschreiben kann, verstehst du die Worte, die in meinem Herzen wohnen."

Die höchste Ehre des Herzens war nunmehr die Fähigkeit, Geheimnisse zu erfahren und zu wahren, aber auch, diese Worte in eine Sprache zu übertragen, die wir auf immer gemein hatten.

„Sekretärin sein"; die erste Ernennung und der erste Aufruf dazu, was mir künftig die Wege zum „Übersetzen" ebnen sollte. So betrat ich leichten Fußes eine deutsche Sprache, die beschwingt die Schulmauern und Leitpfosten des Lehrplans hinter sich ließ. Diese Seelensprache, eine Überschreitung der Gefangenschaft so vieler Grenzen – bildet sie im Kern nicht die Sprache der Poesie? Sie sprach unmittelbar zu mir, und ich erkannte sie auf Anhieb. Als ich mein Schulbuch, dessen Ausgabe noch in Gotischer Schrift gedruckt wurde, durchblätterte, begegnete ich zum ersten Mal deutschsprachiger Poesie – es waren Goethes Verse:

Kennst du das Land, wo die Zitronen blühn,
Im dunkeln Laub die Gold-Orangen glühn

Diese Zeilen erweckten in mir das gleiche Entzücken, wie als ich damals unter den Schatten des kleinen Gartens in Mandula Utca saß und Szerenke, aus einem uralten Brunnen schöpfend, in ihrem Deutsch – einer Mischung aus Ungarisch, Jiddisch und Slowakisch – ausschweifend „erzählte". Dasselbe Entzücken auch, als wir mit meinem alten Onkel Istvan in den Sommernächten, eingehüllt in eine Decke, unter den großen Bäumen der Margareteninsel (*Margit Sziget*) Liedern von Schubert lauschten, die bis zu den Sternen emporstiegen.

SPRACHE DES EXILS

Ein Einzelzimmer mit hoher Decke, großen englischen Fenstern und vorspringendem Erker. Ein Zimmer zum Leben. Ein Raum im Exil: er gehört Mitzi, Großmutter Deborahs Nichte, und ihrer alten Mutter Emma, polnischen Ursprungs. Es ist das Zimmer, welches ihnen das britische Flüchtlingsbüro nach dem Anschluss Österreichs zugeteilt hatte. Als die britische Regierung für einen Monat die Grenzen für Staatsangehörige der Tschechoslowakei, die nun Wien bewohnten, öffnete. In der Ecke hinter einem Paravent befand sich ein Waschbecken, gleich daneben ein kleiner Gaskocher. Zwei schmale Sofas, überzogen mit einem abgewetzten Samtstoff. Ein Sessel mit eingesunkenem Überzug und zwei Stühle um einen winzigen Tisch. Auf dem Schrank ein alter Koffer. Die Toiletten und der Stromzähler, in den man Geldmünzen einwerfen musste, um Licht zu haben, wenn die Nacht hereinbricht oder der Londoner Himmel mal wieder besonders tief und grau ist, waren auf dem Gang. London, wo sie kurz nach dem Krieg einen Cousin wiederfanden: den einzigen Überlebenden der slowakischen Großfamilie, Orchesterleiter Rudolf Schwartz, der nach Auschwitz deportiert und von Furtwängler befreit, aber anschließend wieder nach Sachsenhausen und Bergen-Belsen deportiert wurde.

Es war an einem Sommertag, als Mitzi zum ersten Mal ein wenig Licht in die Vergangenheit brachte. Die Vergangenheit in der Gegenwart. Eine allgegenwärtige Vergangenheit, die mit all dem, was in diesem Zimmer abgestellt war, plötzlich enorm anwuchs. All dem, was diese grauenhaften Gezeiten an den Strand des Lebens heranschwemmen. Vielleicht um eins nach dem anderen aufzulesen und zu versuchen, die von der Zeit zerbrochenen Tonscherben zusammenzufügen. Versunken in der Katastrophe. Vielleicht um die Abwesenheit auszufüllen – so viel Abwesenheit. Um die Stimmen wiederzufinden. Ihre Stimmen. Wie dem auch sei, ich schloss auch an diesem Sommerabend zärtlich die Tür. Und ich ging zur

Bodleian Library. Vielleicht weil dort jede Sammlung wie eine Reliquie behütet wird. Ein Ort jenseits der Zeit. Im Eingangsbereich der Dokumentenhalle gibt man Stift und Kugelschreiber ab, denn man darf dort keine Randnotizen machen. Es ist ein Platz zum *Lesen* – „pflücken und sammeln". Unter dem gotischen Gewölbe, in einer klösterlichen Stille, öffnete ich die schwarze Chronologie und all die schwarzen Seiten der nationalsozialistischen Barbarei in der Slowakei – eine nach der anderen.

Mitzi, mit ihren großen Augen, die die Farbe der Nacht hatten, wurde auf einmal lebhaft und melancholisch zugleich. Als Batikkünstlerin wollte sie an die Kunsthochschule für grafische Kunst in Wien gehen, aber es war ihr nicht gestattet. Ob es an ihrem tschechischen Pass lag oder daran, dass sie eine junge jüdische Frau war? Ihren Lebensunterhalt verdiente sie mit der Anfertigung von Plüschspielsachen. Sie verblieb selbst nach dem Tod ihrer Mutter in dem Zimmer, das sie mit ihr bewohnt hatte. In dem winzigen Hof stellte sie einen kleinen Tannenbaum, den sie eines Tages aus dem Wiener Wald, den sie so sehr liebte, mitgebracht hatte. Sie selbst wusste aber, dass sie keinen Platz mehr in diesem Österreich hatte, wo sie auf jeder ihrer seltenen Reisen den Antisemitismus wie einen unnennbaren und unmerklichen Schraubstock verspürte.

Sie sprach auf Deutsch wie in einer Seelensprache, als ob die Sitze des intellektuellen Lebens, die gemäß ihren eigenen Aussagen in Brünn und in Prag, wohin die „kultivierten" Juden gefahren sind, noch existierten. *Kultiviert*: sie sprach dieses Wort mit Stolz aus, ich würde sogar behaupten mit Inbrunst. Für sie behielt die deutsche Sprache eine besondere Aura, die ihr in Franz Josephs Reich zu eigen war und seit der Aufklärung unversehrt bewahrt wurde, geschützt vor der Nutzung von „Kultur" im politischen Kampf zur Zeit Bismarcks. Ein Wort als Würdeträger für Generationen von Juden in Mitteleuropa. Bewusst ließ Mitzi die Zeiten verschmelzen, indem sie stetig die Erinnerungen wachrief und ihren Bericht plötzlich in der Gegenwart fortführte. Sie liebte es, das innere Bild, das sie bewohnte, zu präzisieren. Sie schöpfte aus diesem lexikalischen Schmelztiegel, den es unmöglich ist zu übersetzen, da er grenzübergreifend ist: *„Prag ist ein kolossales geistiges Zentrum – auch Brünn."* Sie ergänzte diese Phrase noch durch eine architektonische Syntax; streng und verspielt zugleich, als wäre es jene deutsche Sprache von den wienerischen Ufern der Donau: *„Auch geistig hochstehende intellektuelle Leute sind nach Wien oder Budapest gefahren."* Wie übersetzt man die steigende

Bewegung dieser Adjektivspirale, die das spirituelle und das intellektuelle Niveau derjenigen begeistert ausdrückte, die nach Wien oder Budapest gefahren sind? … Als meisterliche Verzierung einer deutschen Sprache mit eindeutiger Herkunft aus der Welt eines Roth, eines Kafka oder Buber … und in welcher sie es liebte, mir in einer unveränderten Gegenwart von den Dörfern in Mähren und der Umgebung von Bratislava zu erzählen, wo sich die Mitglieder ihrer großen Familie versammelt hatten. Von jenem Verwandten, der Schafe züchtete auf dem Land, das sie während der durch Maria Theresia eingeführten jüdischen Emanzipation erwerben konnten, und von der Arbeit in der Pflaumenschnaps-Brennerei eines Aristokraten. Andere bebauten einige gepachtete Ländereien eines christlichen Grafen. Eine große Anzahl war Handwerker. In dieser reichen und vielfältigen Palette dieser deutschen Sprache an der Kreuzung so vieler Sprachen fand sie mit Glück die kleinsten Nuancen und Farben, um die Weiler der Zigeuner zu schildern, die Schafe im Staub der Dämmerung, die Schönheit der Kornfelder und des Sonnenuntergangs, den Krug voll saurer Milch und den Küchentisch, vorbereitet für den Rabbiner, der vorbeikam um einen Segen zu sprechen. Eine ganze Welt – nunmehr menschenleer, in der es keine Spur von Überlebenden gibt.

Im Halbschatten des Zimmers erzählte mir Mitzi all dies ganz zärtlich. Sie sprach mit tiefer Stimme. In dieser Sprache der Erinnerung. Der Sprache des Geistes. Einer Sprache ohne Land. Der Sprache des Exils.

GERETTETE SPRACHE

Tante Renée, jene alte Dame mit silbernem Haar und Augen wie aus einem blauen Dämmerungskristall gemeißelt, ist Großvater Nathans Nichte. Ihre Stimme klang erstaunlich familiär, trotz der Intonation. Ich schloss die Augen und hörte Szerenkes Stimme. Die Sabbatkerzen wurden auf dem Tisch der kleinen Küche angezündet. Die Fenstertür war zum Rosengarten hin geöffnet, den Onkel Edouard in diesem religiösen Viertel, eines der ältesten Kibbuzim, hegte und mit Liebe pflegte. Seit er in den letzten Tagen des Prager Frühlings aus der Tschechoslowakei angekommen war, eroberte er sich seine Wurzeln durch Blumen zurück. Über den Boden geneigt jätete, schnitt, goss und betrachtete er die Blumen mit unendlicher Stille und Geduld. Mit derselben Stille saß er bei seiner Tochter am Tisch; in der Nähe von Tel Aviv, wo ich sie zum ersten Mal getroffen habe. Zwischen ihnen und dem Enkel Juda, der gemeinsam mit seinen Armee-Kameraden seinen Zwanzigsten feierte, klaffte ein Abgrund der Stille; das Fehlen einer gemeinsamen Sprache.

Weder Tschechisch, Ungarisch, Deutsch noch Jiddisch – die Vermittler einer Welt für sich, einer Kultur, einer Geschichte, einer Erinnerung konnten helfen. Es ist unbeschreiblich und unvorstellbar, wie viele innere Quellen sich unter dieser Schicht verbargen und nunmehr unerkannt bleiben.

An diesem Sabbat beteten Tante Renée und Onkel Edouard in der kleinen blauen Küche mit der wunderschönen handgestickten Tischdecke, die im flackernden Schein der Flammen noch weißer erschien. Sie beteten auf Hebräisch und sangen die Psalme mit zärtlicher und ernster Freude. In der friedlichen Dämmerung belebten sie mit tiefer, sanfter und ernster Stimme die verschlungene, doch nun vernichtete Welt, die sie so übermäßig liebten und deren Spuren und Erinnerungen sie noch als einzige bewahren.

Mal sprachen sie abwechselnd, mal vermischten sie ihre Geschichten. Sie erzählten, als würden sie aus einer weit entlegenen Quelle ihres Lebens trinken und als dürfe diese sternenklare Nacht niemals enden. Sie sprachen in einem Deutsch, in dem die Akzente der anufernden Sprachen erklangen; Ungarisch, Tschechisch und Jiddisch. Es war eine Sprache der Seele, eine Sprache ohne Land. Eine gerettete Sprache.

EIN VOM DICHTER GEPFLANZTER BAUM

Mit dreizehn oder vierzehn Jahren war ich auf einem Schulausflug. Wir durchquerten die Ruinen von Dresden. Ich wusste damals nicht, dass es die „Alliierten" waren, die solch einen lichten Landstrich voller Schönheit absichtlich in Asche verwandelt hatten – einen Landstrich ohne Grenzen, eines ganzen Volkes – aller Völker. Ich wusste nicht, dass auch die Stille eine Art ist, Geschichte neu zu schreiben.

Entlang der Elbe ging eine alte Frau betteln. Ich begann mit ihr zu sprechen, aber der Lehrer, der uns begleitete, hielt mich davon ab. Diese verhinderte Unterhaltung, die uns gegenseitig näher gebracht hätte, verfolgte mich noch lange Zeit, als wäre es ein Verrat gewesen, nicht den Schritt gemacht zu haben, die Grenze zu durchbrechen. Ich werde diese gekrümmte Gestalt niemals vergessen. Sie trug ein schwarzes Tuch – eine deutsche Frau in Trauer.

In Weimar, auf dem ausgedehnten Frauenplan, stand das Goethehaus. Das war das erste Mal, dass ich das Haus eines Dichters betrat. Ich besichtigte es mit Andacht, als wäre es ein geistiges Heiligtum, und suchte in diesem intakt gebliebenen Haus, das inmitten zahlreicher Ruinen stand, nach Zwischenräumen des Lebens und der Gegenwart. Die Abwesenheit wohnte in den Gedichten, in den Stimmen der Gedichte, die ich entdecken sollte und die zu mir in einer inneren Sprache sprechen würden. Und sie führten mich nach Buchenwald. Ich wusste damals nicht, dass dort zwei oder drei Jahre zuvor noch Häftlinge untergebracht waren – die Gefangenen der sowjetischen Besatzungsmacht. In den menschenleeren Alleen des Lagers hat man uns von den Erinnerungen an die Antifaschisten erzählt. Von diesem Tag behielt ich eine ungeheure und schwarze Todesmauer, eine Zement- bzw. Betonmauer in Erinnerung. Asphalt der Stille. Damals wusste ich noch nicht, dass sowohl die Worte als auch die Stille zur Hervorbringung von

Sprachen dienen, von denen ich eines Tages erfahren würde, dass man sie Sprachen der leeren Worte (langue de bois) nennt. Und eines Tages würde ich auch erfahren, dass es dort einen Baum gab, der vom Autor Goethe selbst gepflanzt wurde. Seitdem wurde der tief ins Erdreich eingepflanzte Baum mit auswucherndem Geäst mit einer Gedächtnistafel versehen und vor den Gefangenen durch eine Barriere geschützt, die – wie man sagt – sich irgendwo im gleichen Lagergebiet befindet.[1] Diese Zeilen schrieb der Schriftsteller Imre Kertész mit den Worten und aus der Perspektive eines 14-jährigen jüdischen Kindes, das nach Buchenwald deportiert worden war.

Einige Jahre später wird er mir in einem Berliner Café erklären, dass er auf Ungarisch schreibt, aber immer noch in der deutschen Sprache des Österreich-Ungarischen Reiches denkt. In dieser „übernationalen" Sprache ohne Grenzen, einer grenzübergreifenden Sprache, mit der er aufgewachsen ist. In einem unveräußerlichen Gebiet, das kein Stacheldraht und kein Wachturm einschränken oder eingrenzen kann. Das keine Barbarei verdunkeln kann.

1 Paraphrase einer Passage bei Imre Kertész: Roman eines Schicksallosen. Reinbek bei Hamburg: Rowohlt 2003, S. 143.

HOLUNDERBEEREN

Wie überwindet man aber diesen Abgrund in der deutschen Sprache, den der Stacheldraht und die Wachtürme ausgehoben haben? Indem man etwa die Ufer einer Seelensprache wiederfindet?

Es war ein ziemlich dunkler und kalter Abend. Es war so finster in dieser kleinen Halle des Collège de France. Aber kommt es auf unseren Lebenswegen nicht auch vor, dass in den Schattenstunden ein Licht erscheint und jede Trübung durchbricht? Ein alter Herr mit eisblauem Blick trat ein. Ein hervorragender Germanist, ein Freund des Geistes, der Musik und der testamentarische Erbe Albert Schweizers, sein Landsmann, ein geborener Elsässer: Robert Minder. Ein Mann von Distanz und Intensität. An jenem Abend brachte er mit seinen Worten Licht in die Schatten der deutschen Geschichte und Sprache. Indem er die Jahrhunderte aufs Neue durchstreifte, rekonstruierte er den Weg eines langen Kampfes gegen die *Weltverfinsterung*. Er verlieh dem Bemühen der Autoren und Schriftsteller, der Weltbürger, die sich gegen das Gefangensein und die obskurantistische Manipulation des Denkens erhoben hatten, wieder Leben und Sinn – und dadurch auch ihrer Sprache. Dieser deutschen Sprache, in der er bis zu den finsteren Zeiten des Nazismus die progressive und arrogante Perversion aufzeigte.

Während draußen eine Winternacht anbrach, sollte er in dem kleinen, beinahe menschenleeren Saal ein Gedicht lesen. Eines der letzten Gedichte Brechts, das 1956 – kurz vor seinem Tod – geschrieben wurde: *Schwierige Zeiten:*

Stehend an meinem Schreibpult
Sehe ich durchs Fenster im Garten den Holunderstrauch
Und erkenne darin etwas Rotes und Schwarzes
Und erinnere mich plötzlich des Holunders

Meiner Kindheit in Augsburg.
Mehrere Minuten erwäge ich
Ganz ernsthaft, ob ich zum Tisch gehen soll
Meine Brille holen, um wieder
Die schwarzen Beeren an den roten Zweigen zu sehen

Debout à mon pupitre
je vois par la fenêtre dans le jardin l'arbuste du sureau
et y reconnais quelque chose de rouge et de noir
et me souviens soudain du sureau
de mon enfance à Augsbourg.
Plusieurs minutes durant je me demande
très sérieusement si je dois aller à la table
prendre mes lunettes et revenir
voir les baies noires sur les rameaux rouges

Mein erstes Zusammentreffen mit Brecht: eine befreiende Begegnung. Es war Poesie: eine menschliche Stimme mit erlösender Wirkung. Auf eine gewisse Art und Weise war dies meine erste Lehrstunde in der deutschen Sprache – jener deutschen Sprache, die Brecht ähnlich einem Schmied am Amboss bearbeitete, bis er ihre Form hervorgebracht hatte. Zuerst gelang ihm das mit dem *Gestus*, der eine Schlüsselposition für seine ganze Entwicklung als „Mann des Theaters" (l'homme de théâtre) einnimmt. Dieser Gestus, der „Geste" und „Zurschaustellung" (montrance) zugleich, eine Beweisführung im mathematischen Sinne ist.

Der *Gestus* eines Mannes, der trotz Unbeweglichkeit seinen Körper und seinen Geist in Gang setzt und aus der Dunkelheit ins Licht, aus dem Durcheinander der realen Ebenen zur klaren Unterscheidung strebt. Dessen Entscheidung für einen langsamen „Gestus" den Augenblick der Freiheit ausdrückt: wählen oder nicht wählen. Den Abgrund überwinden. Aus dem Schatten heraustreten – widerstehen. In und mit der Sprache. Den Widerstand wählen. Das war der Sinn dieses denkwürdigen Abends. An Brechts Versen zu arbeiten, war wie das Arbeiten an der Wurzel des Denkens, der Imagination, der Musik selbst. An der Wurzel der Empfindsamkeit und des Rationalen. Das bedeutete wahrscheinlich zunächst am *Gestus* des Geschriebenen zu arbeiten, einen Verweis auf eine grundlegende Entfernung zu finden, „eine Fremdheit, einen Verfremdungseffekt". Die *Verfremdung*, die es erlaubt, im Vertrauten etwas Fremdes, im Fremden etwas Vertrautes zu sehen und dadurch auch eine Gastfreundschaft zu schaffen: Du bist kein Fremder mehr, sondern ein Lernender.

Von nun an war für mich der Zugang zu Brechts Gedichten wie ein Atelierbesuch. Dort, wo das Lernen, die Worte mit äußerster Strenge anzupassen, zu einer unerbittlichen lexikalischen und syntaktischen Anforderung wird.

Eine Übersetzung ist wie ein Werkzeug zu diesem Lernen. Eine Übersetzung ist wie eine Tonleiter, an der das Hören und die Anpassung kleinster Nuancen eingeübt werden. Eine Übersetzung ist wie Ton, aus dem meine innere Sprache geformt wird.

WIEDERGEBEN

Dieser Lernweg führte mich ins Ost-Berlin der 1960-er Jahre und zum Eingang des Berliner Ensembles. Die Tür war verschlossen, denn noch stand Berlin im Zeichen der Mauer. Ich ging zum Kassierer und mein magisches Wort, das mir die Tür zum Theater öffnen sollte, war Brechts *Antigone*, denn dies war das Thema, das ich für meine Diplomarbeit gewählt hatte. Brechts wichtigste Figur angesichts der Nazifizierung der deutschen Sprache – eine Figur des Widerstands par excellence. Dieses Stück hatte er zu schreiben begonnen, als die Nazis die Hölderlin-Übersetzung pervertierten und instrumentalisierten. Es geschah auf dem Rückweg aus dem Exil. In einem kleinen Theater in Chur, in der Schweiz, wo er vergebens auf die Erlaubnis zur Niederlassung gewartet und gehofft hat. Mit seiner Frau, Helene Weigel, und den Akteuren seiner kleinen Gruppe erarbeitete er die Diktion dieses Textes, um nach 14 Jahren und all ihren Exilländern – Frankreich, Dänemark, Finnland, UdSSR, die Vereinigten Staaten – die eigene Sprache wiederzuerlangen; um im Zuhören den Deutschen ihre Sprache wiederzugeben. Eine entnazifizierte deutsche Sprache. In einer Inszenierung, nicht geschändet vom nationalsozialistischen Zugriff.

Am ersten Nachmittag führte mich der Kassierer zur Regie. Helene Weigel sollte augenblicklich erscheinen. Sie war wegen des Mangels an Toilettenpapier in den Vorschulen zum Ministerium gefahren. Sie trat in Schwarz gekleidet ein. Direkt, distanziert und dennoch so präsent für jedermann. Sie ließ mich in ihr Büro kommen, oder besser gesagt: sie hat mich empfangen. Beinahe wortlos, aber mit einer Geste der Gastfreundschaft. Ja, das ist das Wort, das ich festhalten würde, um die Begegnung mit Frau Weigel zu beschreiben: Gastfreundschaft. Sie erlaubte mir unverzüglich, bei allen Gruppenproben anwesend zu sein und mit den Ensemblemitgliedern in der Kantine zu speisen. Aber da ich ein Stipendium für eine Universitätsstadt im Westen hatte, musste ich jedes Mal „von der anderen Seite“ kommen. Und am Abend nach der Aufführung folgten die langen schwarzen Flure, die endlosen Kontrollen am ebenfalls schwarzen Checkpoint, das Warten auf dem menschenleeren Bahnsteig und die ebenso leere S-Bahn. Eines Tages nahm ich meinen ganzen Mut zusammen und fragte Helene Weigel, ob ich nicht nach der Aufführung in einer Ecke des Theaters, auf einem Sessel oder einer Bank schlafen könnte, denn alles war besser als dieser Alptraum: die Mauer, die Nacht. Diese Mauer, die unsere Nächte, unsere Leben durchzog – die Torheit der Menschen. Sie griff zum Telefon und suchte mir eine Unterkunft gleich um die Ecke, bei alten Freunden von ihr.

Das war dieselbe Weigel, die 1948 in Chur die Rolle der Antigone erschaffen hatte. Sie begleitete meine Arbeit und eröffnete mir die Archive in Brechts alter Wohnung. Ich war zwanzig. Und als ich sie eines Abends in der Aufführung des Berliner Ensembles die Rolle der Mutter spielen sah und ihre Stimme hörte, diese Diktion, die vom Text keinen Besitz nahm, sondern sich von ihm entfernte, aber ihn in der Entfernung fassbar machte; als ich die „Gestik“ dieser Frau sah, so zierlich und so stark, so intensiv und so präsent; die Mimik des Schmerzes und der Würde, die sich erhob und uns zu sehen und verstehen gab, dass sie von ihrem Sohn einen anderen (Über-) Lebensweg gelernt hatte, wusste ich, dass ich den ganzen langen Weg nicht umsonst gemacht hatte – es auch nicht umsonst gewesen war, in der Morgendämmerung die Posten der Grenzpolizei zu passieren.

Weigel „interpretiert“ nicht, sondern gibt wieder. Eine unermessliche Belehrung in der „Übersetzung“.

DER WERT EINES BRIEFES

Es war an einem Winterabend, im Winter nach der Niederschlagung des Prager Frühlings, als ich ein kleines Büchlein mit Gedichten entdeckte. Es hatte die graue Farbe von Packpapier und war in der Bundesrepublik Deutschland veröffentlicht worden. Der Titel prangte in dunkelgrüner Schrift auf dem Einband: *Sensible Wege*. Ein Sammelband mit Gedichten eines ostdeutschen Poeten: Reiner Kunze – verboten in seinem Heimatland, selber Freund und Übersetzer vieler großer tschechischer Dichter, die zu dieser Zeit Verbannung, Zensur und Gefängnis erlebten: Kundera, Skácel, Holan …

LE CHEMIN QUI MÈNE CHEZ VOUS (1968)

« *c'est si facile de trouver le chemin qui mène chez nous* » Jan Skácel

C'est si facile de trouver le chemin qui mène chez nous
…
dans les ténèbres qu'ils
poussaient devant eux
ils s'égarèrent
Ils s'installèrent
sur les ponts
Et au lieu des essieux on entendait
Dans leur sommeil gémir les hommes
Désormais il est difficile de trouver le chemin qui mène chez vous

DER WEG ZU EUCH (1968)

"Es ist so leicht, den Weg zu uns zu finden" Jan Skácel

Es war so leicht, den weg zu euch zu finden
...
In der finsternis, die sie
vor sich herschoben,
verirrten sie sich

Sie richteten sich ein
auf den brücken

Und statt der achsen hörte man
Im schlaf die menschen stöhnen

Nun ist es schwer, den weg zu euch zu finden[2]

In diesen Zeiten von Einsamkeit und Solidarität überwindet der Wert eines Briefes jede Zensur:

être facteur

jour après jour
être attendu être
une espérance
avec chaque pas
tendre une arche
entre des rives sans pont

être facteur

2 Reiner Kunze: Der Weg zu euch. In: ders.: gespräch mit der amsel. frühe gedichte, sensible wege, zimmerlautstärke. Frankfurt a.M.: S. Fischer Verlag 1984, S. 163.

jour après jour
aller jusqu'aux portes des hommes ne pas
avoir le droit d'entrer

en ces temps

Briefträger sein

Tag für Tag
erwartet werden, eine
hoffnung sein, das unüberbrückbare
überbrücken mit
jedem schritt

Briefträger sein

Tag für tag
an die türen der Menschen gehen, nicht
eintreten dürfen[3]

In diesen Zeiten

In Zeiten der Einsamkeit und letzter Gemeinsamkeiten reicht die Übersetzung wie eine ausgestreckte Hand über brückenlose Flüsse…

3 Reiner Kunze: gespräch mit der amsel (wie Anm. 2), S. 135.

DAS GEWICHT EINES WORTES

Sensible Wege. Das ist das namensgebende Gedicht jenes Bandes. Ein Gedicht, so klar in seiner Einfachheit, geschrieben in einer alltäglichen Sprache, der strengen und exakten deutschen Sprache eines Bertolt Brecht; bis zum Letzten geschärft, keinen Raum für geringste Mehrdeutigkeiten lassend – weder in ihrer Benutzung noch in ihrer Bedeutung. Die Sprache eines Dichters aus der DDR, der 1933 in eine sächsische Bergarbeiterfamilie geboren wurde. Ein Bruch mit dieser „realistischen" Erzählweise geschieht jedoch durch das Wort *sensibel*. Ein Wort, das vom Herzen und von der Seele kommt, das „unter dem Radar der Linden" entlang gleitet. Ein Wort, in dem kollektive Geschichte durch das Prisma einer individuellen Geschichte gebrochen wird. Um dieses Wortprisma zu übersetzen, benötigte es weit mehr als nur ein Wörterbuch. Es musste das Risiko der Begegnung und des Hinterfragens eingegangen werden. Das Risiko der Konfrontation mit einer ganz anderen Realität – einer Realität, die mir völlig fremd war.

Ich machte mich also auf den Weg nach Greiz, wo der Dichter Reiner Kunze lebte. Um ihn kennenzulernen: in seinem Leben, seiner Straße und seiner bescheidenen Wohnung in einem unscheinbaren Haus, das nichtsdestoweniger Tag und Nacht von der Stasi überwacht wurde. In dem kleinen, mit Büchern tapezierten Wohnzimmer, wo auch sein Schreibtisch stand, hörte ich ihm zu – seinen Worten und seinem Schweigen, das er mit dem Wort *sensibel* zum Ausdruck gebracht hat:

SENSIBLE WEGE

Sensibel
ist die erde über den quellen: kein baum darf
gefällt, keine wurzel
gerodet werden

Die quellen könnten
versiegen

Wie viele bäume werden
gefällt, wie viele wurzeln
gerodet

in uns[4]

CHEMINS FRAGILES

fragile
est la terre au-dessus des sources: aucun arbre ne doit
être abattu, aucune racine
arrachée

les sources pourraient
tarir

combien d'arbres sont
abattus, combien de racines
arrachées

en nous

4 Reiner Kunze: Sensible Wege. In: ders.: gespräch mit der amsel (wie Anm. 2), S. 101.

Ich höre den Dichter lesen. Ich lausche seiner Intonation, beobachte seine Gesichtszüge während der Lesung in seiner kleinen Küche, wo der Alltag des Lebens so unsicher ist. Jeden Morgen das vergebliche Warten auf Briefe, die nie ankommen würden. In unerschütterlicher Solidarität sind Reiner und Elisabeth Kunze besorgt um ihre Freunde – die Dichter aus Prag und Mähren, verurteilt zum Schweigen oder im Exil. So viele Existenzen waren nach der Niederschlagung des Prager Frühlings bedroht, alles hier spricht zu mir von dem Wort *sensibel*. Stück für Stück nehme ich mich dessen Bedeutung an. Die Wurzeln der Dichtersprache Reiner Kunzes liegen im Zusammenfluss zweier Sprachen: der Sprache seiner Kindheit und jener der tschechischen Dichter. Die Sprache seiner Kindheit, die in den Volksliedern, welche die Arbeit seiner Mutter begleiteten, wurzelt und in der Genealogie jener Dichter, denen er nachspürt, von Walther von der Vogelweide, von Gryphius, Claudius, Hölderlin, Heine, Rilke und Huchel. Diese Sprache, hervorgerufen durch jene andere und trotzdem ähnliche dichterische Abstammung, niedergekämpft durch die Abstraktion der deutschen Sprache: Kleist, Lenz, Büchner ... all diese „Verbannten, Ausgestoßenen", die dadurch gestorben sind, weil sie *ausgegliedert* wurden. Es ist gerade in diesen Zeiten der Indoktrinierung in den 50er Jahren der DDR, dass der junge Dichter die tschechische Sprache entdeckt. Unterdrückt und niedergeschlagen nach dem Sieg der Katholischen Liga über die Böhmen in der Schlacht am Weißen Berg von 1620, die 200 Jahre des Exils oder der Übernahme der deutschen Sprache bei den Intellektuellen nach sich zog, sind es die einfachen Leute, mit denen die tschechische Sprache die kommenden Jahrhunderte überlebt. Sie überlebt als Sprache der Lieder und Gedichte, der Mythen und religiösen Texte. Als Sprache der Poesie umfasst sie eine endlose Zahl von Wort-Symbolen: gesungen, *liedhaft* und Teil des alltäglichen Lebens. Sie wird Reiner Kunze seine eigene, seine innere Sprache eröffnen – damals unterdrückt und gleichsam verboten. Und das in einer zweifachen und bewegenden Art und Weise; wie ein Schöpfeimer, der das Wasser von einem Feld schöpft und es in benachbarte Furchen zurückgießt. So wird er die Wörter seiner wiedergefundenen inneren Sprache aus den Versen der größten Dichter Prags und Mährens schöpfen und so in die Lage versetzt, im Gegenzug ihre Gedichte übersetzen zu können.

In der Ausstrahlung dieser poetischen Sprache zittert das Wort *sensibel* wie ein unendlich präziser Seismograph. Ich schlage vor, es mit „fragile" zu übersetzen, und für mich hatte das den rechten Klang.

Die kafkaesken Polizeikontrollgänge im Checkpoint Friedrichstraße passierend, um erneut die Mauer zu überqueren, nahm ich heimlich das Wort mit, nach dem ich mich auf die Suche gemacht hatte.

MITTEN IM JETZT

Dreißig Jahre später, am Donauufer. In einem Haus, aus dem man bei klarem Wetter die Wipfel des Böhmerwalds sehen kann. Das Fenster des Dichters blickt auf die Flussbiegungen. Am anderen Ufer liegt schon Österreich. Man sieht bewaldete Hänge, auf denen Fischreiher landen. Es ist an diesem Zusammenfluss dreier Ströme, in einer Welt der Grenzen, wo Reiner Kunze Zuflucht fand, als er keine andere Wahl mehr sah, als die DDR zu verlassen.

Er ist in jene Welt der Grenzen eingezogen und hat dort einen der zerbrechlichen Mammutbaumsprosse gepflanzt, die sein Freund Alexander Graf von Faber Castell aus Kanada mitbrachte – mit dem Traum, dass sie zu Bäumen heranreifen, die den Jahrtausenden und allen Grenzen von Zeit und Raum zu trotzen vermögen, als Zeugen der ständig wirkenden Naturkräfte und des Widerstandes gegen die ungeheuren Bedrohungen durch die Menschen. In dieselbe Erde der Grenzen pflanzte der Dichter eine junge Linde. Eine Linde von der Art, deren Kronen wie ein Himmelsgewölbe sind und die seit Jahrhunderten die Erinnerungen vieler Legenden und Lieder und somit einen Teil des Lebens seiner einfachen Landsleute beherbergten. An diesem Morgen im August 1998 erzählte mir der Dichter von den Steinwüsten Namibias, aus denen er gerade zurückgekehrt war. Als ich ihm zuhöre, schaue ich mir auf seinen Fotos die scharfen Kanten der Felsen und die nackten Füße der Kinder an. Diese Felswüste auf unsere Gesellschaft übertragend, prangert der Dichter dann die Versteinerung an, die nach und nach die Herzen und Köpfe heimsucht – die Unsensibilität, den ersten Schritt, der die ganze Barbarei erst möglich macht. Erst durch dieses Wort *unsensibel* nimmt das Wort *sensibel* eine weitere Dimension an. Es klingt wie ein dumpfes Echo, es wirkt wie eine Spiegelung in dunklen Wassern. Diese Worte des Dichters, mitten im Jetzt, eröffnen einen Raum im Wort der Dichtung, durchzogen vom Zeitgeist der Geschichte. Plötzlich kommt mir wieder sein „chemins fragiles" in den Sinn. Dreißig Jahre nach dem Ende des Prager Frühlings drängt es sich mir auf, es neu zu übersetzen, als „chemins sensibles".

Ich erlebe das Übersetzen als ein Wagnis und als ein immer neues In-Frage-Stellen – und sei auch nur eines einzelnen Wortes, eines empfindlichen Seismographen im Herzen der Zeit.

INNERES EXIL

An denselben Herbsttagen, an denen ich bis nach Greiz gekommen bin, um nach dem Wort *sensibel* zu suchen, war Reiner Kunze zu einer Lesung eingeladen worden. In der Stadt Halle. In einer Kirche. Das Haupt- und die Nebenschiffe waren überfüllt. Die Stasi war da. Aber die Kirchen waren die einzigen Orte, wo man Schriftsteller nicht verbieten konnte. Der Autor las. In der Stille, die ihn umgab, war mehr als ein Zuhören. In dem Applaus, der ihn unterbrach, war ein wahrhaftes Mithören. So, als hätte der Autor den Menschen ihre eigenen Worte wiedergegeben. Für den Zeitraum eines Abends war er nicht mehr der Ausgeschlossene, der Verbannte, der unglaublich Einsame.

Zurückgekehrt nach Greiz griff Reiner Kunze ebenfalls aus Sorge um seinen besten Dichterfreund nach dem Telefon – Solidarität unter Poeten. Es rauschte in der Leitung. Jenseits der vom ersten Winterwind gefegten Felder die verschatteten Wälder und die Ferngleise der langen Wartestunden. Es rauschte in der Leitung. Jenseits der Leitung – ein Niemandsland der Überwachung, Verdächtigungen und Denunziationen. Das Niemandsland. Eine Zone bar jeglicher Menschlichkeit. Dort, wo des Poeten Wort untersagt ist. Verbotenes Echo, das davon lebt, zu erschallen und sich wie das Brot der Gastfreundschaft aufzuteilen. Es rauschte in der Leitung, aber die Stimme von Reiner Kunze blieb wie eine ausgestreckte Hand; viele Jahre später in den Stasi-Akten eingefangen, stigmatisiert und geschwärzt wie schmutziger Schnee. Die Spuren dieser Stimme – eine zerbrechliche Brücke.

Am anderen Ende erwartete mich der betagte Schriftsteller Peter Huchel in der dunklen Einsamkeit seines Geburtshauses in Wilhelmshorst, nahe Potsdam in den Wäldern, welche die Spree-Seen umgeben. Das Geburtshaus seiner Poesie, in dem jedes Licht, jeder Schatten, jedes Fenster eine Welt für sich ist. Gleichzeitig befindet sich das Haus an der Kreuzung, wo jahrzehntelang Tag für Tag die

Zeitschrift *Sinn und Form* Gestalt annahm, die vielen Autoren, Schriftsteller und Denker aller Denkrichtungen Raum gab: Romain Rolland, Elio Vittorini, Charles-Ferdinand Ramuz, Fédérico Garcia Lorca, Nazim Hikmet, Yannis Ritsos, Bertolt Brecht, Paul Celan, Ernst Bloch, Nelly Sachs, Jean-Paul Sartre, Sean O'Casey… Ein echtes Heim für den Geist und für das Herz. Huchel hat die Zeitschrift in dem Schwung, den Entdeckungen und in all den Hoffnungen des Jahres 1948 gegründet. Allen Widrigkeiten zum Trotz, von seinem Freund Brecht dabei unterstützt, hat er sie inspiriert und bis zu seiner Entlassung, einen Tag nach dem Mauerbau, geleitet. Dieser Schnitt hat sowohl sein intellektuelles als auch sein soziales Leben an den Rand gedrängt. Eine Welt der Erinnerung und des Exils.

Wir wanderten durch den die Bäume seines Gartens umhüllenden Nebel. Dieses Gelände der Gefangenschaft wird durch die Macht der Poesie zum universalen Gelände. Die Stimme des Autors, ernst und tief, so zurückhaltend und verletzlich, dass es scheint, als würde sie nur noch zu den menschenleeren Pfaden sprechen. Die extreme Prekarität jedes Morgens in diesem inneren Exil. Ein Rückzug und ein Ort höchsten Widerstandes – ein inneres Land.

Vibre-t-il encore dans la gorge du roseau,
la faible souffle
du fleuve pris par les glaces ?

Atmet noch schwach, / Durch die Kehle des Schilfrohrs, / der vereiste Fluss?[5]

Während wir mit dem Autor die Übersetzungen seiner Verse vertieften, hörte ich in seinen Worten die Einsamkeit des menschenleeren Hauses, das Murmeln der großen Ahornbäume widerhallen: wo „das Stigma des Herbstes brennt". Ich habe den Klang einer inneren Sprache erfahren: die Sprache der Poesie, erlebt und mitgeteilt an der Quelle selbst, da wo sie bedroht ist.

5 Peter Huchel: Winterpsalm. In: Ders.: Die Gedichte. Frankfurt a. M.: Suhrkamp 1997, S. 155.

DIESE UNIVERSELLE SPRACHE

Es war in denselben Jahren, als die B-52 ihre Bomben auf die Leprakrankenhäuser und die Brücken Nordvietnams abwarfen. Entlaubte Wälder. Durch Napalm niedergebrannte Kinderkörper. Durch die Bomben zerfetzt und in Stücke gerissen. Mein Traum, die Stimmen der Dichter dieses Landes zu finden und ihnen Gehör zu verschaffen, die so fern und doch so nah waren, schien im intensiven und dringenden Einsatz gegen diesen Krieg lächerlich. Ich begab mich auf die Suche, ohne genau zu wissen, wo oder wie zu suchen war. Ich stieg auf den Dachboden des Musée de l'Homme. In die einmaligen und unersetzbaren Schlupfwinkel dieser Bibliothek, die man schon bedroht wusste, selber ein Weltgedächtnis und trotz der Jahre stets von einem aufbegehrenden Gedächtnis belebt. Das Weltgedächtnis wird trotz der Jahre stets von einem beständigen Widerstand belebt. Bis zu ihrer Zerstörung durch den Bau des Musée du Quai Branly. Die vorhandenen Übersetzungen seines reichen Bestandes an vietnamesischer Literatur erstrecken sich über alle Zeiträume der Französischen Kolonialzeit. Ich verlasse das Museum mit meinem Notizbuch voller Randnotizen, aber mit leeren Seiten.

Auf dieser marginalen Suche fand ich eine seltene, aber wahrhaftige Ermutigung. Von einem der großen Mathematiker seiner Zeit, gerade aus Nord-Vietnam zurück. Dorthin war er gereist – als Vize-Präsident des Russel Tribunals für die Berichterstattung über Kriegsverbrechen und als Gelehrter mit dem Auftrag, von der Bildungsfront zu berichten, von dem Widerstand, der unter dem Bombenhagel aufstieg. Es war Laurent Schwarz. Ein Mann, begabt mit Mitgefühl und einem Sinn für Gastfreundschaft, von einer wachsamen Aufmerksamkeit für die zerbrechlichste und gefährdetste Schönheit dieser Welt. Er selbst war einer der größten Experten und passioniertesten Schmetterlingssammler aller Kontinente, die er bereiste. Er wusste, dass die Poesie lebt und sich in die universelle Sprache des Intellekts und der menschlichen Empfindsamkeit, die sie mit der Mathematik teilt, einschreibt.

Aber wo sollte ich die Stimmen der zeitgenössischen vietnamesischen Poeten finden? In den Unterkünften, wohin man die Kinder evakuiert hat, in den Gräben, in den Maquis, in den Gefängnissen ...?

WIE EIN BRIEF

Alles begann in einem winzigen Wohnzimmer im Quartier Latin, in dem die Treffen des Russell-Tribunals zur Untersuchung US-amerikanischer Kriegsverbrechen in Vietnam abgehalten wurden. Alles? Ich meine: meine Bekanntschaft mit der vietnamesischen Poesie. Das Zimmer schwirrte wie ein Bienenstock. Eine nordvietnamesische Delegation und Mitglieder der südvietnamesischen Widerstandsbewegung waren angekommen, um ihre Zeugenaussagen zu machen. Während dieser Treffen wurden Freundschaften und Vertrauen zwischen den Durchreisenden und Abgeordneten der Friedenskonferenz in Paris aufgebaut. Wir fingen an, miteinander über die wichtigen Dinge des Lebens zu sprechen: über die Kinder und deren Evakuierung, getrennte Familien, Krankheiten, über die Trauernden und Liebschaften. Ich entdeckte Gedichte, die zwischen den Trümmern der Verwüstung entstanden sind. Gedichte, die jeder, auch so weit weg von der Heimat, bei sich trug. Die man auf alle Lebenswege und trotz aller Gefahren mitgenommen hatte, niemals hatte man sich von den kleinen per Hand abgeschriebenen Heftchen getrennt. Die Hefte waren fadengeheftet und so zugeschnitten, dass sie gerade klein genug waren, um in der Westentasche mitgenommen zu werden; wie ein Brief, der niemals verschickt wurde, aber immer schon angekommen war.

„I HAVE A DREAM"

Im Eifer unseres Austausches über die Poesie fragten mich meine vietnamesischen Freunde, ob ich bereit wäre zu kommen, um an einem Projekt mitzuarbeiten, das sich in Hanoi geformt hatte. Es hatte zum Ziel, der Erklärung McNamaras, „das Land in die Steinzeit zurückzubombardieren", mit einem Zeugnis jahrtausendealter Kultur zu begegnen. Es sollte erstmals seit der Unabhängigkeit eine große und umfassende Anthologie vietnamesischer Literatur auf Französisch herausgebracht werden; um auf die Drohung von durch McNamara mit Poesie zu antworten – eine gewagte Idee in einem unter Bombardierung stehenden Land.

ZWEI ZEILEN FÜR JEDEN VERS

An der Spitze dieses Projektes stand Nguyen Khac Vien. Neben zahlreichen medizinischen Aktivitäten organisierte er ebenso die Evakuierung der Kinder während der Bombardierung, leitete den Fremdsprachenverlag, den er in Hanoi gegründet hatte, und unterrichtete die schwer traumatisierten Patienten in den Krankenhäusern der Hauptstadt in seinen Atemtechniken. Außerdem beschäftigte er sich noch mit Übersetzungs- und anderen Schreibarbeiten auf Vietnamesisch und Französisch. Nachdem er in Hanoi und Paris Medizin studiert und 1941 promoviert hatte, kam er im Jahr 1942 noch weitere sechs Monate unter, bevor er 1943 an das Sanatorium von Saint-Hilaire du Touvet wechselte. Sogleich trat er dort mit der Résistance Francaise in Kontakt und organisierte den Widerstand gegen den von französischen Kolonialkräften in Indochina geführten Krieg. All das vollbringt er, während er seine in den Fremdenlagern internierten französischen Landsleute versorgt und ihnen zur Seite steht. Zwischen 1940 und 1945 dienten die Sanatorien demnach ebenso als außergewöhnliche Orte der Begegnung, der Reflexion und des Engagements. Man nahm Studenten auf, die Tuberkulose erforschten; und gleichzeitig bot man jungen Fahnenflüchtigen der STO Zuflucht sowie Widerstandskämpfern die Möglichkeit, zeitweilig unterzutauchen. Man kann sich die Fülle und Intensität des Austausches und der Diskussionen zwischen diesen Jungen des Sanatoriums, Menschen wie Roland Barthes, Max Pol Fouchet, Georges Canette, Emmanuel Mounier und vielen anderen, lebhaft vorstellen. Vien ist eng mit der französischen Sprache und Kultur vertraut. In seinen Jahren im Sanatorium hat er abendländische und orientalische Philosophie studiert und seine Atemtechnik auf der Basis von Yoga verfeinert. Dies erlaubte ihm nicht nur, mit nur einem Lungenflügel zu überleben, sondern auch, seine zahlreichen Aktivitäten weiterhin durchzuführen, bevor er im Jahre 1963 in sein Land zurückkehren musste, da er wegen seiner politischen Aktivitäten aus Frankreich ausgewiesen wurde. Trotzdem wurde ihm im Jahre 1992 von der Académie Francaise der Grand prix de la francophonie verliehen.

Im Laufe des Jahres 1971 lud er mich ein, ihn bei der Arbeit an seiner Anthologie zu unterstützen.

Während der zwei Jahre, in denen ich dieses Projekt und diese Reise vorbereitete, studierte ich die vietnamesische Sprache mit Hilfe einer kleinen Gruppe von Vietnamesen, zum Teil Gelehrte und Künstler, die dauerhaft in Paris wohnten, zum anderen Teil Studenten, die in Paris im Kriegsexil waren. Die Struktur der Sprache lernte ich von einem Linguisten, der eine Forschung im Auftrag von Chomsky durchführte, den Tonfall und die Sprechweise dieser tonalen Sprache von einem Musiker und Komponisten. Bei der Annäherung an die Musik der Dichtung und ihre „Kantillationen", ihren rezitativen Tonfall, war mein Lehrmeister der Musikologe Tran Van Khe, beim Sprechen und Lesen eine vor Kurzem aus Saigon geflohene Studentin. Einmal pro Woche traf ich die Bildhauerin Diem Phung Thi in ihrem Atelier. Sie erfand, wie sie es bezeichnete, eine „umfassende Methode des Eintauchens in die Poesie". Ursprünglich stammte sie aus der Region um Hué. Südvietnam war die Seele, der Atem und der Stoff ihres Werks. Alles, was sie formte, zeichnete, schrieb und zuschnitt; all die Materialien, mit denen sie arbeitete – Holz, Erde, Marmor, Bronze –, alles sollte ihr Land ausdrücken. Ebenso die Kleider, Stickereien und Webarbeiten, die sie trug, die Gerüche der Delikatessen, die sie zusammen mit ihrem Eheman Diem kochte. Auf diesem Wege konnte ich mir Zugang zu jenem Wort verschaffen, das im Vietnamesischen das Heimatland beschrieb: *dat nuoc* – Erde (und) Wasser. Ein Wort, das an sich schon verfremdet ist. Könnte man ein einfacheres, konkreteres, ein enger in die Landschaft des Menschlichen eingewobenes Wort finden? Im Französischen bezeichnet man dies normalerweise mit „patrie"– Vaterland. Gleichzeitig verschaffte sie mir Zugang zu den Gedichten, zu meinem ersten vietnamesischen Gedicht: *Miên Nam* „Le Sud" (Der Süden), des Dichters To Huu. Dieser wurde ebenfalls in Hué geboren, wo er im Alter von 19 Jahren verhaftet und in einem Straflager der französischen Kolonialmächte interniert wurde. Diem Phung Thi hatte eine kleine Gedichtsammlung aufgeschlagen, so klein, dass sie das Buch in nur einer Hand hielt. Sie las daraus vor und „kantillierte", im Flüsterton, etwas schwermütig – Wörter und Silben, deren Vibration die Sinne zum Schwingen bringt. Ich vertiefte mich in dieses erste Gedicht wie in einen Brief, der der Reihe nach an einen Freund, eine Geliebte und ein Kind adressiert war. Die ersten dichterischen Worte der vietnamesischen Sprache, die ich entdecke, sind Worte der Zärtlichkeit; Worte der Trauer, um die Erinnerung an ein verstümmeltes, ein zerrissenes, ein amputiertes und geteiltes Land wachzurufen:

si, tout bas, tu me demandes, ami,
quel mot entre mille mots
telle une blessure met à vif mes entrailles:
dans mon cœur, deux mots: le Sud !

Fragst du leise, mein Freund,
welches Wort unter Tausenden
wie eine Wunde mein Innerstes schmerzt
zwei Wörter in meinem Herzen: der Süden!
[Anm. d. Übers.]

Dieses Gedicht war im Dezember 1963 entstanden, zu Beginn der amerikanischen Eskalation. Ich war mir damals weder des Ausmaßes des Krieges noch der Mobilmachung bewusst, welche diese einfühlsamen Worte zu verbergen in der Lage waren.

Ich kam in Hanoi am Tag nach der heftigen Bombardierung der Stadt durch B52 Bomber an. Nguyen Khac Vien wartete am teilweise zerstörten Flughafen Gia Lam auf mich. Er hatte vor Kurzem die Übersetzung des *Kiêu*, des großen Romans in Versform von Nguyen Du, beendet. Schon im Vorwort formulierte er den Übersetzungsgrundsatz, der meine Arbeit in einen völlig neuen Kontext stellen sollte: „Dem Original treu bleiben, das heißt in erster Linie, sich zum Ziel zu setzen, das Menschliche und die Gesamtheit des Werkes zu rekonstruieren." Ein Schritt, der sich einprägt in einer Befreiung von all der Exotik, all den Besitzergreifungen und all den kulturellen und geistigen Annektierungen der Übersetzungen der Kolonialzeit.

Am ersten Tag fahre ich mit dem Rad durch das morgendliche Getümmel der Menschenmengen Hanois am Krankenhaus Bach Mai, das während der Bombardierungen des 22. Dezember 1972 fast vollständig zerstört wurde, vorbei. Während des Angriffs wurden 28 Mitglieder des medizinischen Personals getötet. Als ich im Verlagshaus für Fremdsprachen ankam, mangelte es dort an Papier – bis gegen Abend jemand mit einem Bündel Blätter ankam. Raues und weiches Papier, schon etwas vergilbt, welches die Tinte geradezu aufsog. Die Arbeit konnte beginnen.

Ich skizzierte auf jedem Blatt zuerst die Linien. Zwei Zeilen für jeden Vers: die obere Zeile für die erste, primäre Lesart der Wörter; die untere Zeile für das Eintauchen in die Sprache, die in die Gedichte hineinfließt – zusammen mit dem Dichter Xuan Dieu, den ich für die Poesie zu meinem Mitarbeiter auserkoren hatte. Er war es, der mir beigebracht hat, auf der unteren Zeile die verdeckten Schichten jedes Wortes aufzuschreiben: die Erinnerung, die Implikationen einer ganzen Vorstellungskraft, immer im Kontext des Lebens und der Geschichte eines ganzen Volkes. Die untere Zeile lässt das Grundwasser der Poesie in jedem dieser so alltäglichen Worte hervortreten. Die obere Zeile steht für den gängigen Sinn. So auch beim Wort *duyen*:

Obere Zeile: *duyen* attachement
Untere Zeile: amour voulu par la destinée
amour voué pour l'éternité
hymen – karma – destinée
lien de l'âme qui noue l'un à l'autre

Obere Zeile: duyen *Verbundenheit*
Untere Zeile: *schicksalhafte Liebe*
eine für die Ewigkeit bestimmte Liebe
Hymen – Karma – Schicksal
ein Seelenband, das einander verbindet
[Anm. d. Übers.]

Auf der oberen Zeile steht, was jedes normale Wörterbuch besagt: „attachement" – Verbundenheit. Xuan Dieu eröffnet mir einen anderen Wortschatz, geschöpft aus den Versen des *Kiêu*. Dieser Roman ist so populär, dass ich gesehen habe, wie Händlerinnen ihre Schultertragen am Eingang des alten Theaters von Hanoi ablegen und barfuß, ihren Betel kauend, auswendig und aus tiefstem Herzen, zusammen mit den Schauspielern die Verse rezitieren. So nahmen sie teil an den seidenen Strängen des Lebensweges der schönen Kiêu, jenem *duyen*: zugleich „schicksalhafte Liebe [amour voulu par la destinée]", „ewige Liebe [amour voué pour l'éternité]", „die Seele, die das eine an das andere bindet [lien de l'âme qui noue l'un à l'autre]" und „Hymen – Karma – Schicksal [hymen – karma – destinée]." Es ist ein Wort, das eine ganze Welt der Klänge aus dem Herzen des Feudalismus des 18ten Jahrhunderts enthält. Mit feinen Pinselstrichen geschrieben, befinden sich auf der unteren Zeile die Worte des Dichters Xuan Dieu. Gewissermaßen sind sie das Karma, das Schicksal, das diese Liebe zum Wort bestimmt, sind *duyen*.

Übersetzen heißt, der Stille der unterirdischen, im Inneren eines Volkes fließenden Quellen lauschen zu lernen zwischen den Zeilen.

VOM EINEN ZUM ANDEREN UFER

Am 17. Breitengrad – Dezember 1973 – befreite Gebiete Südvietnams

Eine graue Lichtung im Land der Ruinen, der entwurzelten, zersplitterten Bäume – eine Mondlandschaft nach der Bombardierung durch die B52, die Flugroute eine klaffende Wunde. Im Nieselregen dieses Dezembermorgens steht eine Brücke. So oft wurde sie bombardiert, so oft repariert, so oft wieder aufgebaut. Am anderen Ufer dieser verwüsteten Landschaft liegt eine Geisterstadt. Die Bauern laufen barfuß über den gefrorenen Schlamm und knüpfen, binden und flechten entlang der McNamara-Linie, dieser gigantischen elektronischen Barriere zur Entzweitrennung des Landes, die zerrissenen Drähte wieder zusammen.

Am Abend zuvor, im Süden des Landes, drängten sich alle, zusammen mit den Männern und Frauen des Widerstandes, die trotz der vielen Schichten von Hemden und Westen aus abgenutztem Stoff zitterten wie Espenlaub, um eine Öllampe. Irgendjemand hatte eine alte Laute mitgebracht, hergestellt aus einem Flaschenkürbis, der in einer Nacht im Unterschlupf durch das Donnern der riesigen Bomber aufgeplatzt war. In diesem schicksalhaften Barackenlager steigt eine Stimme empor. Eine andere Stimme antwortet ihr – ein Wechselgesang der Reisfelder, ein Schwanken der Schöpfeimer – Echos und Rufe über den Feldern und Dämmen, Gesänge des Lebens, der Liebe, der Erwartung. Es ist ein gemischter Singsang aus herkömmlichem Gesang und den „Kantillationen" der Verse To Huus:

> forêts de filaos,
> bosquets de verts cocotiers,
> frémissement des dunes blanches
> où tremble le soleil,
> Jardin des pastèques au miel rouge !

Filao-Wälder,
Haine aus grünen Kokospalmen,
das Zittern weißer Dünen,
wo die Sonne flackert
ein Melonengarten aus rotem Honig!
[Anm. d. Übers.]

Ich lausche dem Gesang der Bäume in einem Land, das keine Bäume mehr hat – dem Gesang der Bäume in dieser Zeit der niedergebrannten Dörfer und abgeholzten Wälder. In dieser Nacht laufen wir auf der Suche nach Wasser und noch etwas berauscht vom Abend durch die zerklüfteten Gassen, beleuchtet nur vom unwirklichen Schein der Sterne. Auf dem Weg zitiere ich meiner von ihren Kindern schon seit Jahren getrennten Freundin und Begleiterin, die das Gefängnis und die Widerstandsbewegung bereits kennengelernt hatte, folgende Verse von Bertolt Brecht:

mais quels temps vivons-nous
où parler d'arbres est un crime
car c'est se taire sur tant d'autre crimes !

Was sind das für Zeiten,
Wo ein Gespräch über Bäume fast ein Verbrechen ist,
Weil es ein Schweigen über so viele Untaten einschließt![6]

Ich versuche, ihr die Bedeutung jener Verse, die der Dichter während seiner Zeit im Exil niedergeschrieben hatte, zu erklären. Diese Zeilen stehen für seinen Widerstand als Schriftsteller gegen das nationalsozialistische Regime – aber für sie, für ihr Volk, stehen die Bäume, die Düfte der Reisfelder und Blumen in der Nacht allesamt für die Kräfte des Lebens. Und somit unterscheiden sie sich keineswegs vom Kampf, vom Widerstand – im Gegenteil.

Ich begreife an jenem Abend: wenn Übersetzen bedeutet, eine Brücke zwischen zwei entfremdeten Ufern zu spannen, wie wichtig ist es, dass jeder Pfeiler fest an seinem Ufer verankert ist.

6 Bertolt Brecht: An die Nachgeborenen. In: Ders.: Werke. Große kommentierte Berliner und Frankfurter Ausgabe. Bd. 12. Gedichte 2. Hg. von Werner Hecht u. a. Frankfurt a. M.: Suhrkamp 1988, S. 85.

September 1973 – an der Pagoda von Tay Phuong. Ganz langsam steigen sie die zweihundert Stufen zum Gipfel des Hügels Phat Tich, auf dem sich die Pagoda erhebt, hinauf. Vor mir sehe ich ein Land der Reisfelder und im Hof eine kleine Gruppe Vietnamesen in dunkelgrüner Kleidung. Trotz der Vorbehalte meiner Begleiter suche ich das Gespräch mit ihnen. Sie befinden sich auf einer Exkursion und kommen von einem Sanatorium in der Umgebung von Hanoi. Unter ihnen befindet sich ein Mann mit ausgemergeltem Gesicht und intensivem Blick – ein Blick, als könnte er in die Tiefen des Menschlichen blicken. Er heißt Cach und ist erst kürzlich im Rahmen der Pariser Verträge befreit worden: nach 19 Jahren in den Gefängnissen und Straflagern Südvietnams, aus den Tigerkäfigen von Poulo Condor. Er wurde im Jahre 1954, kurz nach dem Genfer Abkommen, in seinem Dorf gleich südlich des 17. Breitengrades verhaftet, weil er sich für die Wiedervereinigung des Landes einsetzte.

In den Gefängnissen der Straflager lernte er lesen und schreiben. Mit Einverständnis von Nguyen Khac Vien bekam er die Erlaubnis, sich mit mir im Verlagshaus zu treffen und die Überbleibsel seiner anonymen Gedichte vorzutragen – dieser persönlichen Lieder, die zu kollektiven Liedern wurden und die heimlich in den Straflagern von Poulo Condor zirkulierten:

DANS LES CAGES À TIGRE DE POULO CONDOR (1958–1964)

...
tant et tant de générations d'hommes et de sang, d'os brisés
de chairs en lambeaux, de pieds meurtris
au fil des années tant de tombeaux blancs
pour faire une route bordée de filaos

IM TIGERKÄFIG VON POULO CONDOR (1958–1964)
...
So viele Generationen von Menschen, Blut und gebrochenen Knochen
zerfetzte Leiber, geschundene Füße
so viele weiße Gräber im Laufe der Jahre
um eine Straße zu bauen von Filao-Bäume gesäumt

[Anm. d. Übers.]

Winter 1973. Dank Nguyen Khac Vien bekam ich die Erlaubnis, ein Gespräch mit dem Dichter To Huu führen zu dürfen. Ein Gespräch über ein Buch, von dem ich geträumt hatte, seitdem ich sein Gedicht „Le Sud" entdeckte. Ein Buch, in dem er sowohl seinen revolutionären als auch seinen dichterischen Weg beschreiben sollte. Wir führen insgesamt vier Unterhaltungen, alle in den riesigen Aufenthaltsräumen des Comitè Central. Aber zu jener Zeit war er nicht mehr der junge, barfüßige Dichter, der sich unter den Bauern versteckte, mit den Bedürftigen und Unterdrückten lebte und an deren Seite kämpfte. Jetzt war er Mitglied im Polit-Büro, sein Aufgabenbereich Ideologie und Kultur. Ich fragte ihn, wie er immer noch Gedichte nahe am Herzen seines Volkes schreiben könne, jetzt, wo er in einem offiziellen Wagen mit Vorhängen umherfahre...Er lachte, und wir fingen mit der Arbeit an. Ich nahm mir mein Notizbuch, um alles aufzuschreiben. Ich ließ nichts aus. Nach unserem ersten Treffen stellte ich mir zwei Bedingungen, die mir erlaubten, diese Übersetzungs- und Transkriptionsarbeit fortzusetzen. Die erste Bedingung: dass es der Dichter Xuan Dieu sein sollte, der mich in diesem Projekt begleitet, und nicht irgendein Sicherheitsbeauftragter für die Poesie. Und die zweite Bedingung: dass To Huu mir in jedem Fall seine Erlaubnis erteilt, dass wir in unsere Auswahl von Gedichten nur jene aufnehmen, die noch in hundert, noch in tausend Jahren nachklingen werden. Damit möchte ich sagen: weg mit all den Gedichten von reiner Konjunktur und politisch-ideologischem Kalkül. Hin zu seinen tiefergreifenden Melodien, seinen authentischen Melodien, die unveräußerlich das allgemein Menschliche erreichen. Das bedeutet das Kürzen von leeren Phrasen – nur die lebendigen Äste sprießen zu lassen. Das Buch erschien in Paris, aber später in Hanoi war es uns nicht mehr möglich, uns zu treffen.

CEUX QUI NE MEURENT PAS
DIE UNSTERBLICHEN

(To Huus ist 18 Jahre alt, als er dieses Nguyen Chi Dieu gewidmete Gedicht verfasst. Dieu war damals Mitglied des Regionalkommitees der Partei „Parti pour le Centre Vietnam“ und, an Tuberkulose erkrankt, auf dem Heimweg nach Poulo Condor. To Huu besuchte ihn im Krankenhaus, und von jenem Moment an zog sich die Schlinge immer enger um den Hals des jungen Dichters, bis er letztlich ein paar Tage später verhaftet wurde.)

toi et moi entre les quatre murs nus et froids
en silence nous nous regardons. point n'est besoin de paroles.
tu entends l'automne détacher les feuilles, retirer la sève de vie
je regarde tout un printemps marcher vers nous
...
ce soir – sur le promontoire de pierres solitaires
debout je regarde ta barque mise à nu, mise à mort –
...
est-ce qu'elles meurent, oh vous hommes de la terre ! les âmes
qui ont beaucoup souffert, et donné avant l'heure
tout le sang de leur jeunesse
pour vous apporter un jour nouveau ?
(automne 1938)

Du und ich zwischen vier nackten und kalten Wänden
schauen uns in der Stille an. Es bedarf keiner Worte.
Du hörst den Herbst die Blätter pflücken, ihnen den Lebenssaft entziehen
Ich sehe in allem den Frühling auf uns zukommen
...
an diesem Abend – über dem einsamen Felsvorsprung stehend
sehe ich dein Boot los gemacht und versenkt
...
Sind sie tot, oh ihr Menschen der Erde! Die Seelen,
die so sehr litten und vorzeitig

das ganze Blut ihrer Jugend hergaben,
um euch einen neuen Tag zu bringen? (Herbst 1938)

[Anm. d. Übers.]

„Im Gefängnis fand man die Zeit, man hatte ja nichts anderes zu tun. Also fing man an zu dichten – einfach nur, um sich Mut zu machen. Man dachte sich Gedichte aus und lernte sie, konnte sie schließlich auswendig. [...] Manchmal schrieb ich mit einer Stecknadel auf den Kalk der Gefängniswände, in winzig kleiner Schrift. Aber danach wurden die Wände gestrichen, und alles war ausgelöscht. Und so könnte man sagen, dass ich sehr viele Gedichte in den Gefängnissen verloren habe. Als ich in diesen Zellen war, gab es keine Freunde oder Nachbarn. Es gab auch keine Leser. Es war also wirklich die Kunst nur der Kunst wegen, rein individuell, um die Tage vergehen zu lassen. Man hatte mir grüne Blätter eingeschmuggelt, Blätter von Bananenpflanzen und anderen Gewächsen, die man dort so fand – wie dem Badamier zum Beispiel. Das waren glatte, dicke Blätter, auf denen ich mit Stecknadeln geschrieben hatte. Das war lesbar, sehr gut sogar. Ich hatte keinen Bedarf an Chemikalien, diese dicken, grünen Blätter waren völlig ausreichend. Und das verlieh ihnen eine schöne Farbe – violett, schwarz – sehr hübsch. Und die Gefangenen, die nach draußen zur Arbeit gingen, brachten sie den Kameraden mit, die sie dort erwarteten. Das waren meine ersten Publikationen, meine ersten Exemplare: wie Äste – zwar klein, aber mit vielen Blättern. So wurden sie öffentlich ... ein Ast mit grünen Blättern ... das ist harmlos! Das ist nicht strafbar, ein poetischer Ast, und ein politischer."

Übersetzen, das heißt auch, Querwege zu beschreiten, die zu extremen Orten führen können – in die entlegensten Winkel der Poesie, die vom Überleben sprechen, von der unveräußerlichen Freiheit.

STUMME MUSCHELN

Als Resonanzboden ein kleines Brett aus Ngo Dong Holz, als Saite ein flexibler Halm, geschnitzt aus zurechtgebogenem Bambus oder aus dünnem Horn; als Resonanzkörper eine kleine Kalebasse oder einfach eine ausgehöhlte Kokosnuss; um die eine Saite zu spannen, ein Wirbel aus Holz; und um die Töne zu erzeugen, die schmale Spitze eines Bambusstängels oder der Fingernagel des rechten Zeigefingers: fertig ist das Monochord – das Instrument der umherziehenden blinden Musikanten. Es ist eine ergreifende und betörende Modulation der Wortsilben jener Stimme ohne Text, und jede davon stützt sich auf eine Tonleiter von nur sechs Tönen. Keine Vokabel könnte diesen rezitativen Singsang „übersetzen“, diesen doppelten Seidenfaden der „Kantillation“, wie er sich mit der menschlichen Stimme verwebt – die Seele der vietnamesischen Poesie. Das hat nichts zu tun mit Onomatopoesie oder Alliteration, um deren Ausarbeitung ich in dem Enthusiasmus und der Unkenntnis meiner ersten Übersetzungen vietnamesischer Poesie so bemüht und stolz war. Ich dachte, so die Musik eines Verses von Tan Da „wiedergeben“ zu können: „la gure lentement prend son envol, puis à tire d'aile file au firmament [der Kranich nimmt langsam seinen Flug auf, bis seine Schwingen das Firmament berühren]“ … dank dem Monochord entdeckte ich, dass jene sprachlichen Artefakte nur leere Muschelschalen sind – unfähig, den Klang dieses unermesslichen, ganz andersartigen Gesangs ertönen zu lassen.

An diesem Extrem der Arbeit angekommen, bleibt der Übersetzung nichts anderes übrig, als sich an die Gestade der verstummten Wörter zurückzuziehen. Um den Schatten jener Musik, die den Worten innewohnt, zu erhaschen, haben wir uns zusammen mit dem Dichter To Huu überlegt, die französische „Diktion“ eines seiner Gedichte mit dem Monochord zu begleiten – der Klang des Instrumentes als Ausdruck der harmonischen Töne der Kantillation der Verse in ihrer ursprünglichen Sprache.

Um mich anzunähern, so nah wie möglich an dem Mysterium dieser Poesie und Sprache zu leben, träumte ich davon, mich mit dem Monochord vertraut zu machen. Und so kam es, dass dank der Hilfe Nguyen Khac Viens ein junger Künstler vom Konservatorium jede Woche in das kleine Büro des Verlagshauses kam, um mich dem Geheimnis dieser unendlich feinen und präzisen Bewegungen näher zu bringen – auf einem Monochord, das man mir provisorisch hergerichtet und mit einem alten darangebastelten Griff an meinem kleinen Kassettenrekorder als behelfsmäßigem Verstärker befestigt hatte. Die feine Bambuslamelle, die mir mein junger Lehrmeister zurechtgeschnitten hatte, habe ich aufgehoben. Und auch heute noch, in jeder Note, die auf diesem einzigartigen Stimmband erklingt, liebe ich es umso mehr, dieser Stimme ohne Sprache zu lauschen. Wie einem Ruf, so nah und doch so fern, so vertraut und doch so fremd.

NEUE VERSION EINES MÄRCHENS AUS VERGANGENEN ZEITEN

So lautet der Titel eines Gedichtes, das Che Lan Vien während der Bombardierungen an Weihnachten 1972 in Hanoi schrieb. Als ich damit anfing, an der Übersetzung zu arbeiten, besuchte mich der Dichter im Verlagshaus und las es mir vor. Ein langes Gedicht, verzaubernd wie ein uraltes Märchen, diesmal jedoch geschmiedet über der Glut des Krieges.

petit sœur, sais-tu pourquoi l'humanité aime à transmettre
de main en main, de génération en génération des vieux contes ?
c'est pour que chaque génération puisse y ajouter quelque chose qui
n'y était pas hier
[…]
le miracle des jours anciens dans le conte d'autrefois, il était dans la
seule main des sorcières
le miracle d'aujourd'hui est dans la main de ceux qui vont les pieds nus,
le cœur nu
le miracle c'est que ceux qui meurent de soif deviennent source

Kleine Schwester, weißt du, warum die Menschheit es liebt
sich von Generation zu Generation, von Hand zu Hand alte Märchen zu reichen?
Damit jede Generation etwas noch nicht Dagewesenes ergänzen kann
[…]
Das Wunder längst vergessener Tage in den Märchen aus vergangenen Zeiten lag
allein in den Händen der Zauberer
Das Wunder unserer Tage liegt in den Händen derjenigen, die mit nackten Füßen,
mit nackten Herzen gehen

das Wunder sind die Verdurstenden, die zur Quelle werden
[Anm. d. Übers.]

Als ich in dem kleinen Büroverschlag der Stimme des Dichters lauschte, wusste ich, dass jedes seiner Wörter die Hoffnung einer Generation barg – seiner Generation. Zur Zeit der Revolution, im August 1945, war er zwanzig Jahre alt. Er gab seine Jugend, sein Leben, für den Traum von Unabhängigkeit und Freiheit. Dreißig Jahre Krieg. Mit seiner tiefen, getragenen Stimme, im Klang Zentralvietnams, beschwört er seine Wege des Kampfes, der Poesie. Er identifiziert sich mit Stolz als jemand, der aus dem Volk der Cham stammt, und er nimmt sich der Aufgabe an, an die Zerstörung des Königreiches Champa durch die Vietnamesen im 15ten Jahrhundert zu erinnern. Che Lan Vien schrieb und lebte mit einer immer gleichen Stimme: einer rebellischen und großmütigen Stimme, die nach dem Leben greift und bereit ist, es zu verteidigen, allen Widrigkeiten zum Trotz:

eux détruisent
et nous nous sommes pour vivre

Die zerstören
Und wir, wir sind für das Leben
[Anm. d. Übers.]

Er hatte einen lebendigen Blick, wachsam, der Blick eines Wächters. Voll brüderlicher Wärme. Aber auch rebellisch, dieser Zug, der ihm eine unglaublich jugendliche Aura verlieh.

Die Schätze aller Völker und aller Kulturen, die, jenseits aller Grenzen, ein gemeinsames Gut der Menschheit bewahren und weitergeben. Ebenso diese Schätze unendlicher Geduld, jene der Gelehrsamkeit und der Vertrautheit mit den Weisheiten und der Dichtkunst seines Volkes, die er in zwei bescheidenen Schulheften mit violetten Einbänden, zusammengehalten von zwei etwas angerosteten Heftklammern, zusammengetragen hat. Im ersten Heft hat er, mit seiner kantigen und schiefen Schrift, in blaugrauer Tinte 365 Ca Dao niedergeschrieben; zweizeilige Liedgedichte, Sprichworte, „Kantillationen"; gefolgt von einer kleinen persönlichen Anthologie der schönsten anonymen Volkslieder. Jeder Vers ist gewissenhaft unterstrichen: jeder Rhythmus, jede Reimart, jeder Pulsschlag und Gesang. Und in dem zweiten Heft stellt er in lauter kleinen Schaubildern, wie eine Mathematik des Gehörs, all die Rheimschemata und Rhythmen vietnamesischer Dichtkunst dar. Auch beschreibt er die Schlüssel zu diesem musikalischen System, ausgehend von jenen zwei verschiedenen Arten von Wörtern. In diesem Sinne, *bang* ohne Akzent *ngang* oder mit ‚accent grave' *huyen*, und *trac* in vier verschiedenen Akzentuierungen *sac, nang, hoi, nga*. Auf der ersten Seite des ersten Heftes steht folgende Maxime: „es geht um das unbewusste Auswendiglernen; darum, die Seele der vietnamesischen Sprache wahrzunehmen, die Struktur, den Rhythmus, die Grammatik. Die Gesamtheit zuerst, und dann die einzelnen Elemente. Das ist meine Methode, die ich ‚méthode idiote' getauft habe."

Retten, weitergeben. Che Lan Vien verfolgt das Anliegen einer Minderheit, aller Minderheiten, aber auch das von Vietnam. Das Anliegen des Überlebens der Bergvölker und ihrer vom Aussterben bedrohten Kulturen. Mit der Überzeugung tief in Herz und Seele verankert, dass einige dieser Gesangslegenden einen Platz im menschlichen Kulturerbe haben sollten. Und deren Übersetzung ins Französische würde ihrer Rettung nützen. So kommt es, dass er eines Tages im Verlagshaus erscheint und mir den Vorschlag macht, ihn bei der Umsetzung dieses Projekts für drei Gesangslegenden dreier vietnamesischer Völker zu unterstützen: „La grande traversée [Die große Überquerung]" vom Volk der Tay, „Le chant de la Bru [Das Lied der Schwiegertochter]" vom Volk der Hmong und „La belle Om et le jeune Bong Huong [Die schöne Om und die junge Bong Huong]" vom Volk der Muong. Nguyen Khac Vien gab mir grünes Licht, am Rande der Anthologie daran zu arbeiten und stellte uns ein kleines Büro zur Verfügung, das ebenerdig zum Hof lag und wo wir jeden Abend dieses schwierige Unterfangen vorantrieben. Außerdem mussten wir mit Hilfe von Ethnologen, die sich auf die drei Bergvölker spezialisiert hatten, eine wortwörtliche Übersetzung ins Vietnamesische vornehmen. Dann, ausgehend von diesem differenzierten Gerüst, so exakt und explizit wie möglich, half mir Che Lan Vie dabei, daraus ein weiteres Gerüst zu konstruieren, diesmal ins Französische, orientiert an den Hinweisen unserer ethnologischen Freunde. Er tat das mittels seines weitreichenden Wissens, nicht nur über das Französische, sondern auch über die französische Dichtkunst, das er auf den Schulbänken der Kolonialzeit erworben hatte und das seine Generation grundlegend geprägt und, paradoxerweise, emanzipiert hatte. Die Generation einer Jugend der vorrevolutionären Zeit. Mir blieb der dritte Schritt: die Notizen in Form zu bringen, ihnen eine Stimme zu verleihen, sie in Bilder und Erzählungen zu fassen; die Wörter, Strukturen und Rhythmen dieser Erbschaft einer oralen Kultur aufzuspüren. Mit dieser monate- und jahrelangen Übersetzungsarbeit mit Nguyen Khac Vien und im Feld dieser Kultur, dieser ganz anderen Realität, habe ich mir eine kritische Distanz angeeignet. Eine Urteilsfähigkeit, hervorgebracht von einer Tradition, die eine ungewöhnliche Herangehensweise begünstigte. Mit seinen eigenen Worten: wo „das Bizarre, das Fremdartige die Oberhand über das Menschliche gewinnt, wo Phönixe und Drachen die Menschen in den Schatten stellen [...], dies ist das Wesen der Exotik, den Eindruck der Seltsamkeit hervorzurufen, ohne in der Lage zu sein, Emotionen zu kommunizieren, die tiefen Gefühle, die ein Werk beleben."

Nguyen Khac Vien hat es mir nicht nur ermöglicht, Wörter zu sammeln. Er gab mir Zugang zu diesen Bildern, die ich sonst ganz einfach hätte übertragen können, aber eingezäunt von den unbeweglichen Klischees der Folkloristen. Er hatte einen anderen Anspruch, ein anderes Offen-Sein gegenüber dieser Welt. In den winzigen Details im Herzen der Wörter, ihrer Bildhaftigkeit, ist umso mehr das Land und die Realität des Jetzt zu begreifen – ein ewiges Heute, lebendig und bewegt. Um dies zu erreichen, und das mit den knappen, den ärmlichen Mitteln jener harten Jahre, in einem Land, das zwischen einem Frieden, der in den Pariser Verhandlungen noch nicht abgeschlossen wurde, und den letzten Monaten eines langjährigen Krieges der modernen, erschreckenden Verwüstung stand, gab er mir die Möglichkeit, mich zu den Bergvölkern zu begeben. Ihren Alltag zu teilen, in ihren Häusern zu schlafen – in Bambushütten oder Pfahlbauten. Mit der ganzen Gemeinschaft zusammen um die Feuerstelle zu sitzen und Reis zu essen, in Vorbereitung zur gemeinsamen „Kantillation". Und in dunkler Nacht sich ganz hinzugeben, diesem beständigen, unzerstörbaren und doch verletzlichen Teil des Erbes der Menschheit zu lauschen.

Auf meinem Rückweg nach Paris war ich mir sicher, dass die Antworten, wie ich sie auf die Fragen nach den Formen der Oralität fand, so nicht in den theoretischen Arbeiten auftauchen würden. Durch mein Suchen und Hinterfragen dessen, was in den Forschungs- und Sammeleinrichtungen vor sich ging, entdeckte ich die Arbeiten eines im Feld arbeitenden Ethnologen, Charles Joisten, dessen ganzer Einsatz ganz der Notwendigkeit gehorchte, diese „Worte" zu bewahren, die Sprache der Unscheinbaren, die niemand aufgefangen hatte und die aus den kollektiven wie den individuellen Gedächtnissen verschwunden war. Seit Jahrzehnten ging er in den Alpen einer geduldigen, sorgfältigen und methodischen Arbeit nach – sammelte Märchen, Legenden, Sprichwörter, Bezeichnungen, Sprechweisen und Übermittlungen traditioneller Kentnisse und Fähigkeiten. Ich kann mich noch lebhaft an den herzlichen Empfang in seinem Büro im Musée Dauphinois erinnern, wo er Kurator war und Jean-Pierre Laurent gerade die Ausstellung „Gens de là-haut [Die Leute von dort oben]" vorbereitete. Diese Ausstellung betrat museologisches Neuland. Sie setzte all die wiedergewonnenen Sprachen miteinander in Bezug und stellte sie im sozialen, kulturellen, emotionalen und umweltlichen Zusammenhang dar. Ich habe dort Stunden damit verbracht, seine Tonbandaufnahmen anzuhören, den Rhythmus zu ergreifen, den Puls, die Stimmlage und die Redewendungen, den Akzent und die Strukturen zu entdecken. Es war wie Atemschöpfen, ich nahm denAtem einer Sprache auf, die sowohl einzigartig als auch universell ist:

petit frère sans plus attendre
ouvre la voix, ouvre la parole
...
Dans dix générations,
mon histoire sera chantée par les aveugles,
pour que hameau et village entendent,
pour que la postérité sache
Légende Muong: „La Belle Om et le Jeune Huong"

Kleiner Bruder warte nicht länger
Öffne die Stimme, öffne das Wort
...
in zehn Generationen
wird meine Geschichte von Blinden gesungen werden,
damit es auch die Weiler, die Dörfer
und die Nachwelt wissen
Die Muong-Legende: „Die schöne Om und der junge Huong"
[Anm. d. Übers.]

POST-SCRIPTUM

Auf einer Seite, ganz unten in der Ecke, beinahe am Rand, hat Che Lan Vien in einer skizzenhaften Schrift mit rotem Kugelschreiber ganz klein vier Wörter notiert, die er mir erläutert hatte, als wir über Etymologie und Ursprünge gesprochen haben.

thu – Brief
tho – Poesie

Und das gefiel mir – als ob das Übersetzen von Gedichten immer so wäre, wie einen Brief zu übersetzen, der vor langer Zeit geschrieben wurde und doch grad eben erst.

EIN ZWEITES GLAS LICHT

Es war so ein schöner Julitag im Sommer 1974. Im Licht der Provence und auf dem kleinen Pfad, der zur Isle-sur-la-Sorgue führt und sich zwischen den Weinbergen und dem Lavendel hindurchschlängelt. Am Horizont die blauen Kämme des Luberon. Ein Weg, der sich wie eine aufgespannte Brücke zwischen dem Dichter von Hanoi und diesem Sorgue-Ufer spannt. Te Hanh, fasziniert von der großen Reise, die für ihn – einen Dichter aus einem Land, das sich seit Jahrzehnten im Krieg befindet – die Übersetzung bedeutete. Am Vortag meiner Abreise in den kleinen Urlaub nach Frankreich vertraute er mir seinen geheimen Traum an, eines Tages andere Horizonte der französischen Dichtung zu entdecken und übersetzen zu können als die damals in Hanoi offiziell anerkannten französischen Dichter, Aragon, Eluard, Gamarra … ich erzählte ihm von René Char:

Hâte-toi.
Hâte-toi de transmettre
Ta part de merveilleux de rébellion de bienfaisance
Commune présence

Beeile dich.
Beeile dich zu übermitteln
Deinen Teil am Wunderbaren, an Rebellion, am Wohltun
[Anm. d. Übers.]

Il neige sur le maquis et c´est contre nous chasse perpétuelle.
Feuillets d´Hypnos

Es fällt Schnee im Maquis, und es wird Jagd gemacht auf uns, unausgesetzt.[7]

So begab es sich, dass ich an diesem Julitag diesen kleinen Lichtweg nahm, die Isle-sur-la-Sorgue passierte, die sich etwas weiter auf der linken Seite befand. Plötzlich sah ich das Haus der Buclats, auf das ich so lange gewartet hatte. Ich öffnete das alte Portal und René Char kam mir mit einer selbstverständlichen Offenheit und Gastfreundschaft entgegen. Ich habe mich nicht angekündigt: wen, wie und was ankündigen? Wir waren uns gleich nah, er ließ mich in die Kühle des großen Zimmers eintreten – es war ein wenig düster und niedrig – und schenkte mir ein Glas vom Muskatellerwein aus Beaumes-de-Venise ein, dessen goldener Glanz dem Gold der Sonne in nichts nachsteht und der gleichzeitig von erlesener Frische ist, wie man sie von geheimnisvollen tief gelegenen Höhlen kennt. Kaum hatte ich diesen vietnamesischen Dichter mit seiner unverzichtbaren kleinen Tasche voller Bücher und seinem inbrünstigen Traum, ihn zu übersetzen, in Erinnerung gerufen, schenkte René Char mir ein zweites Glas Licht ein. Er erhob sich und kam mit beiden Händen voller Gedichte zurück. In seiner feinen und langen Schrift, wie schwarze Zypressen, die sich im Mistral neigen, schrieb er einige Worte, die einer ausgestreckten Hand gleichkommen, über die Vorsatzblätter und trug mir auf, seinen Dichterbruder von ihm zu umarmen.

Ich ging, mit diesen Schätzen in meiner Reisetasche, oder besser gesagt, es war meine Rückkehr als Hirte, da mir dieser kleine Weg der Provence von einem Weiterziehen erzählte: diesem großen und langen Herdenzug in Richtung entlegener Weiden. Um die besten saisonalen Kräuter zu finden, die im Winter in den tief gelegenen Ebenen und im Sommer im hohen Tal sind, geht man auf antiken Driftwegen der Zusammenkunft und des Austausches in all den Dialekten der „Überhangsprache" umher – dem Provençal.

Wie mit den Wegen der Wanderschäfer, so ist es auch mit der Übersetzung: Dauer und die geduldige Durchquerung, aufgehobene Grenzen, von einem Land ins andere, von einer Kultur zur nächsten – von einer Sprache zur anderen. Das Umherwandern der großen Herde von Worten führt zu jener „Überhangsprache", die die Poesie der Welt ist.

Te Hanh las mit Entzückung die Widmungen mit dem Duft der Buclats, und

7 Übertragen von Paul Celan. In: Ders.: Gesammelte Werke in sieben Bänden. Bd. 4: Übertragungen I. Hg. von Beda Allemann und Stefan Reichert. Frankfurt a. M.: Suhrkamp 2000, S. 449.

ließ sich entrücken durch diese so fremde und so unendlich vertraute Schreibweise. Nachdem es so weite Räume durchquert hatte erschien Chars Gedicht im Vietnamesischen, als wäre es in der Erde der Reisfelder geknetet worden:

LA LIBERTÉ

Elle est venue par cette ligne blanche pouvant tout
aussi bien signifier l´issue de l´aube que le
bougeoir du crépuscule

DIE FREIHEIT

Sie kam die weiße Linie entlang und kann genauso gut
das Erlöschen des Morgengrauens wie
des Kerzenleuchters der Dämmerung bedeuten[8]

TỰ DO

Chị đến theo con đường trắng kia
Có thể là dấu hiệu của bình minh
Mà cũng có thể là ngọn đèn của hoàng hôn

(Übersetzung von Te Hahn aus „*Dep hon nuoc mat*“–
Schöner als die Tränen)

traduction et poésie
rencontre extrême aux confins des langages
au partage des eaux
sous le signe de l´hospitalité

8 Eine Nachdichtung v. Johannes Hübner u. Lothar Klünner ist enthalten in: Und der Schatten der Sanduhr begräbt die Nacht. Gedichte. Hg. u. mit e. Nachwort von Klaus Möckel. Berlin: Volk und Welt 1988, S. 49.

Übersetzung und Poesie
Eine extreme Begegnung an den Grenzen der Sprachen
An der Scheide der Gewässer
unter dem Zeichen der Gastfreundschaft

[Anm. d. Übers.]

IM BLAUEN KRISTALL DIESER DÄMMERUNG

Nelly Sachs – eine jüdisch-deutschsprachige Dichterin, die nicht das mitteleuropäische Deutsch, sondern das aus Berlin verwendet und mit ihren Gedichten dennoch in einer Stimme spricht, die von anderswo herkommt und mir eng vertraut ist. Ich brauchte Jahre, bevor ich Zugang zu ihrem so schmerzvollen Gesang fand, ihm nah genug treten konnte, um überhaupt daran denken zu können, ihn zu übersetzen. Es war in den 90er Jahren, zwanzig Jahre, nachdem Nelly Sachs in ihrem Schweden-Exil gestorben war. Es war das erste Mal, dass ich an der Übersetzung eines Werks gearbeitet habe, ohne zu einem Treffen mit dem Dichter fahren zu können. Aber sie sprach zu mir in einer Sprache der Seele. Auf der Suche nach menschlichen Spuren unter ihren Nachbarn und Bekannten im Exil fuhr ich nach Stockholm – ich wusste nicht genau, an welchen Orten ich Inspiration finden konnte, stellte mich aber darauf ein, um diese langwierige Arbeit zustande zu bringen.

Mit einem Aufenthaltsstipendium des Collège International des Traducteurs Littéraires konnte ich im alten „Hôtel-Dieu-Saint-Esprit“ in Arles Zuflucht nehmen. Die Bibliothek war unter den enormen Querbalken eingerichtet worden, die den Gemeinschaftssaal durchzogen. Seine hohen Fenster blickten auf einen kleinen Klostergarten mit massiver Farbigkeit und mediterranem Duft. Aufteilung und Bepflanzung erhielten einen jahrhundertealten Zustand aufrecht. Ja, in diesem alten Gemeinschaftsraum, an meinem Arbeitstisch, zu den Blumen hin geöffnet, wo ich fühlte, wie sehr dies einer jener Orte auf der Welt war, wo man den Ausbruch des Lichtes und die Musik dieser Katastrophen-Dichtung angesichts des zeitgenössischen Lebens erhalten und sammeln konnte. Ich erinnere mich an diesen letzen Sommertag. Der Abend brach an. Der Mistral gab dem Himmel seine schönste Klarheit. Ich kam vom Mas du Vert zurück, wo ich ein Treffen mit dem Herausgeber Philippe Picquier hatte, um gemeinsam noch einmal die Zusammenstellung der Anthologie für vietnamesische Literatur durchzusehen, die er im selben Herbst zu publizieren plante und in der eine Auswahl von Gedichten erschien, die ich mit To Huu, Che Lan Vien, Te Hanh und Xuan Dieu in Hanoi übersetzt hatte. Ist dies die Stimme all dieser befreundeten Dichter, mit denen wir so viele Landschaften des menschlichen Daseins, so viele Tränen und Freude durchstreift haben? Ist das die Lebenskraft, die ich durch das alltägliche Erleben und Teilen von Gedichten, Legendengesängen und Überlebensworten eines Volkes gespürt habe?

Unverlierbar bleibt, dass ich im blauen Kristall solch intensiver Dämmerung plötzlich wie eine Einladung den geheimnisvollen Atem dieser mit Hebräisch durchzogenen Dichtung wahrnahm und im Schein dieses unzerstörbaren Lichtes eines Menschenherzens – allem und jedem zum Trotz – ein zärtliches Gefühl des Vertrauens spürte. Ich konnte mich an die Arbeit machen.

„EIN STÜCK PLATANENRINDE"

„Ich schicke Dir noch etwas, das gegen die kleinen Zweifel hilft, die einem manchmal kommen; es ist ein Stück Platanenrinde. Man nimmts zwischen Daumen und Zeigefinger, hälts recht fest und denkt sich etwas Gutes dazu. Aber – ich kanns Dir nicht verschweigen – *Gedichte*, zumal die Deinen, sind *noch* bessere Platanenrinden. Bitte, schreib also wieder. Und lass es zu unseren Fingern wandern. Du weisst, wie sehr wir – und nicht nur wir – das brauchen."[9] Dieses kleine Stück Platanenrinde aus Paris, das Paul Celan in einen Umschlag, adressiert an Nelly Sachs, steckte, spiegelt für mich ein wenig die Schreibweise ihrer Briefe wider: unerwartet prägnant, knapp, gedrängt. In dieser Dringlichkeit und Intensität sind Sätze aufzuspüren, die wie unterbrochene Atemzüge anmuten.

> donne-nous d'être, nous les êtres libres, les êtres les plus libres de tous,
> d'être-les-debout-avec-toi-dans-la-lumière !
>
> [...] *lass uns, die schon Freien, die Allerfreiesten sein, die*
> *Mit-Dir-im-Licht-Stehenden!*[10]
>
> *[Anm. d. Übers.]*

Die Übersetzung hier also mit einer Prise Risiko im Syntaktischen und Semantischen, um die äußerste Dringlichkeit und Intensität der Sprache zwischen zwei Existenzen wiederzugeben.

9 Paul Celan und Nelly Sachs: Briefwechsel. Hg. von Barbara Wiedemann. Frankfurt a. M.: Suhrkamp 1993, S. 53.

10 Ebd., S. 58.

DIE VIER HEFTE

In den dunklen Zeiten des Aufstiegs des Nationalsozialismus in Berlin wurde Nelly Sachs durch die „deutschen Gerechten" ins schwedische Exil getrieben. Später schrieb sie im Rahmen des Eichmann-Prozesses einen Brief an David Ben Gurion und forderte, dass Eichmann nicht hingerichtet werden sollte: „Im Namen der Juste allemands". Aus dem Gebet Abrahams vor Sodom zitierend: „Wirst du wirklich die Gerechten gemeinsam mit den Sündern auslöschen? … Vielleicht gibt es dort fünfzig von ihnen? … Vielleicht zwanzig? … Vielleicht zehn? …"

Während der Jahre der Verfolgung fand Nelly Sachs ihr Judentum (wieder?). Wie eine „umgekehrte Teschuva" zu den Wurzeln ihres inneren Seins. „Zu ihrem Herzen."[11] Eine „Umkehr", wie sie bei ihr auch im Poetischen stattfand, durch den Wandel der Sprache, die Sprache einer Übersetzung. Jene der hebräischen Bibel, wie Buber und Rosenzweig sie kurz nach dem Ende des Ersten Weltkrieges in Angriff nahmen und die Nelly Sachs am Anfang der 30er Jahre dank einer Ausgabe des Buches Jesaja, die unter ihren Freunden herumging, kennenlernte. Buber schrieb im Vorwort zur Ausgabe von 1954:

„Franz Rosenzweig (zuvor durch eine Krankheit der Sprache beraubt) starb am 10. Dezember 1929. Der letzte Satz, den er zu mir am Vorabend seines Todes sprach […], handelte von der Passage über den Diener Gottes in Jesaja 53." Die Übersetzung des Buches Jesaja erschüttert Nelly Sachs zutiefst. Es war zu den Zeiten, als zunächst in den Geistern und dann in den Vernichtungslagern die Auslöschung der Juden anfing, dass sie, durch eine poetische Vorahnung, deren Rätsel den Dichtern vertraut ist, ihre deutsche Muttersprache mit einer neuen Di-

11 Dieser Ausdruck wurde mir von Alexandre Safran vorgeschlagen, aus seinen Abhandlungen über die Teschuva in: le renouveau et la continuité – Lumières pour l'Avenir. Réflexions sur le Temps et l'Eternité. Albin Michel 2011.

mension, einer neuen Schrift, versah. Davon inspiriert, beschäftigte sie sich mit der hebräischen Sprache und prägte somit die Sprache ihrer zukünftigen Poesie – als Gerüst all ihrer im Stockholmer Exil und bis zu ihrem Tode geschriebenen Werke. Diese deutsche Sprache, wie sie in den 50er Jahren Hans-Magnus Enzensberger erkannte: „Der Philosoph Theodor W. Adorne hat einen Satz ausgesprochen, der zu den härtesten Urteilen gehört, die jemals über unsere Zeit gefällt werden können: Nach Auschwitz ist es nicht mehr möglich, ein Gedicht zu schreiben. Wenn wir weiterleben wollen, muss dieser Satz widerlegt werden. Wenige vermögen es. Zu ihnen gehört Nelly Sachs. Ihrer Sprache wohnt etwas Rettendes inne. Indem sie spricht, gibt sie uns selber zurück, Satz um Satz, was wir zu verlieren drohten: Sprache. Ihr Werk enthält kein einziges Wort des Hasses. Den Henkern und allem, was uns zu Mitwissern und Helfeshelfern macht, wird nicht verziehen und nicht gedroht. Ihnen gilt kein Fluch und keine Rache. Es gibt keine Sprache für sie. Die Gedichte sprechen von dem, was Menschengesicht hat: von den Opfern. Das macht ihre rätselhafte Reinheit aus. Das machst sie unangreifbar."[12]

Meine Übersetzungsarbeit an Nelly Sachs' Werk begann zu der Zeit, als es darum ging, die Gesamtheit ihres poetischen Werks zu übersetzen. Es ist ohne Zweifel dieser umfassende Blick auf den Kontext jedes einzelnen Verses, jedes Gedichtes, jeder Sammlung, die mich eine Arbeitsweise entwickeln ließ, die sich auf Dauer bewährte. Eine Methode, antwortend auf die Besonderheit von Nelly Sachs' Werk, so dass ich mir nicht vorstellen könnte, sie bei einem anderen Dichter anzuwenden. Ein Ablauf von Lektüre und sukzessiven Annäherungen, die sich zusammen nach und nach in die Textur einer Übersetzung verweben. So entstehen Schritt für Schritt vier Hefte, entsprechend den vier Schriften – vier „Umschriften", vier Horizonte. „Wie vier Schlüssel zu diesem Werk." (Esther Starobinski-Safran). Ohne dass ich mir dessen bewusst gewesen wäre, nahm mich Nelly Sachs mit, Etappe für Etappe, auf einen vorgeschriebenen Weg, den Weg ihrer inneren Identität und der Sprache ihrer Seele. Und dort hallen, wie ein Echo, die Grundelemente des vierfachen Sinnes der Schriften gemäß der jüdischen Exegese wider: *Pchat*, der wörtliche Sinn – *Remez*, der übertragene Sinn – *Drach*, der Sinn der Auslegung – *Sod*, der mystische Sinn. Hier aber unterschiedlich moduliert und dekliniert und von der Freiheit eines poetischen Werkes durchzogen.

12 Hans Magnus Enzensberger: Die Steine der Freiheit. In: Merkur. Deutsche Zeitschrift für europäisches Denken 13 (1959), H. 8, S. 772.

Das erste Heft. Die erste Sphäre der Schrift, die unmittelbare Lektüre dieser Poesie, die noch in der menschlichen Zeit wohnt. Ich erinnere mich: der erste Vers, des ersten Gedichtes, des ersten Bandes:

Ô les cheminées
sur les demeures de la mort ingénieusement pensées

O die Schornsteine
auf den sinnreich erdachten Bauten des Todes[13]

Ich war nicht viel weiter als bis zu diesen ersten paar Wörtern gekommen, und schon ergriff mich eine Art Schwindelgefühl: ein unerwarteter Hohlraum inmitten unmittelbar verständlicher Wörter. Ich stieß auf das Adverb ‚sinnreich'– beschwert durch all die unaussprechlichen Handlungen, deren der menschliche Verstand fähig ist. Mir wurde klar, dass diese Übersetzung bedeutete, in den dunkelsten Stollen der Menschheitsgeschichte nachzugraben: "Es gibt und gab und ist mit jedem Atemzug in mir der Glaube an die Durchschmerzung, an die Durchseelung des Staubes als eine Tätigkeit wozu wir angetreten."[14]

Im ersten Heft, im ersten Akt dieser Poesie, kamen jene ‚Kernbedeutungen' vor, Bilder, Andeutungen, Implikationen, von denen ich ahnte, dass es noch lange dauern wird, bis genügend Schichten durchdrungen wären, um zum Kern der Sache vorzustoßen – eine Rundreise durch ihr ganzes Werk und noch viele weitere Schichten dieser Schriften. Ich wusste noch nicht, dass noch ein viertes Heft existierte, welches mir als Schlüssel dienen sollte – das alles in einen Zusammenhang stellen sollte – und allem einen grundlegenden Sinn, verborgen hinter den scheinbaren Tatsachen, geben würde:

13 Nelly Sachs: [o. T.]. In: Dies.: „Alles weißt du unendlich nun". Die Elegien auf den Tod meiner Mutter. Hg. von Anna Magdalena Fenner. Marburg: Tectum 2009, S. 7.

14 Celan und Sachs: Briefwechsel (wie Anm. 9), S. 13.

ô nuit des enfants en pleurs !
nuit des enfants marqués à mort !
le sommeil n'a plus accès
de terribles gardiennes
á la place des mères se sont avancées

un étranger porte toujours
son pays natal dans ses bras

ô vous mes morts
vos rêves sont devenus orphelins
la nuit a recouvert les images
envolée en chiffres votre langue chante
...
votre legs migrant
mendie à mon rivage

je suis inquiète
très effrayée
de saisir ce trésor avec ma vie si petite

moi-même dépositaire d'instants
de battements de cœur d'adieux
de blessures de mort

O der weinenden Kinder Nacht!
Der zum Tode gezeichneten Kinder der Nacht!
Der Schlaf hat keinen Eingang mehr.
Schreckliche Wärterinnen
Sind an die Stelle der Mütter getreten [...][15]

15 Nelly Sachs: O der weinenden Kinder. In: Dies.: Die Leiden Israels. Frankfurt a. M.: Suhrkamp 1965, S. 72f.

Ein Fremder hat immer
Seine Heimat im Arm[16]

Ihr meine Toten
Eure Träume sind Waisen geworden
Die Nacht hat die Bilder verdeckt
Fliegend in Chiffren eure Sprache singt
…
eure wandernde Hinterlassenschaft
bettelt an meinem Strand

Unruhig bin ich
sehr erschrocken
den Schatz zu fassen mit kleinem Leben

Selbst Inhaber von Augenblicken
Herzschlägen Abschieden
Todeswunden
…[17]

Das zweite Heft. Die zweite Schicht der Lektüre, in der eine ganze Sinndimension zwischen der Struktur, zwischen den Feinstrukturen dieser ‚poetischen' Sprache von Nelly Sachs aufgeht – betont und subtil bereichert durch ihre langjährige Bekanntschaft mit den Schriften Bubers in dem Deutsch der Juden Galiziens, grundlegend inspiriert durch das Deutsch-Hebräische in der Bibelübersetzung von Buber und Rosenzweig, die auch Esther Starobinski-Safran studierte, die sich dazu folgendermaßen äußerte: „Was an erster Stelle steht, bemerkt Buber, ist nicht das Versmaß, sondern der Ausdruck der Zusammenhänge in den Ausformulierungen wie im Sinn. Es geziemt sich, die Spannung wiederzufinden, welche die Architektur der althebräischen Sätze charakterisierte, die Eigenart dieser

16 Nelly Sachs: Kommt einer von ferne. In: Bengt Holmqvist (Hg.): Das Buch der Nelly Sachs. Frankfurt a. M.: Suhrkamp 1977, S. 217.

17 Nelly Sachs: Ihr meine Toten. In: Dies.: Werke. Bd. 2: Gedichte 1951–1970. Hg. von Ariane Huml und Matthias Weichelt. Berlin: Suhrkamp 2010, S. 216.

Sprache, nahe wie ferne Wörter im Text durch ihre gemeinsamen Wurzeln oder ihren ähnlichen Klang miteinander zu verbinden. Es ist wichtig, den kraftvollen Rhythmus der althebräischen Sprache wiederzufinden, der alle Metrik durchzieht. Grundsätzlich kann die Botschaft, die durch die unumgängliche Vereinigung von Klang und Sinn übertragen wird, nicht weitergegeben werden. Buber ist darum bemüht, die Leiblichkeit des biblischen Geistes zu entdecken, die ursprüngliche Sinnlichkeit unter dem Mantel der geläufigen Abstraktionen wiederzufinden, die Übersetzung von den geläufigen Bedeutungen der Wörter zu befreien, die durch gewöhnliche Konversation und Wörterbücher hervorgebracht und daher nicht in der Lage sind, die ‚sens apparent [tatsächlich zutreffenden Bedeutungen]' zu liefern. Die unmittelbare Signifikation wird mit einer versteckten Signifikation assoziiert."[18]

Wie also nun im Französischen diesen Anteil an „Eigenartigkeit", diese „Diskrepanz" in Nelly Sachs' Sprache ausdrücken, ohne dass es einer „Verfremdung" gleichkommt?

Ebenso beim Rhythmus der Worte selbst: die Bewegungen und Feinheiten teilbarer und unteilbarer Partikel, die wiederum von unzähligen Deklinationen unendlicher Wandlungsfähigkeit durchzogen sind:

das Gebet zu finden
das die verstümmelten Silben zusammenfügt

trouver la prière
qui assemble les syllabes mutilées

Zeit der Verpuppung
Zeit der Vergebung
Verfallene mit dem Gesicht im Staub
verspüren schon den Schulterschmerz der Flügel
Weltlauf der Meridiane auf der Sternenhaut
Aderlasse der Sehnsucht ins Meer der Verklärung

18 Esther Starobinski-Safran: Quelques caractéristiques de la traduction de Buber et Rosenzweig *Die Schrift*. In: Rashi 1040–1990. Hommage à Ephraim E. Urbach: Congrès européen des études juives. Paris: Édition du Cerf 1993, S. 777–787.

Temps de la chrysalide
Temps du pardon
Des effondrés le visage dans la poussière
ressentent à l'épaule déjà la douleur des ailes
course effrénée des méridiens sur la peau des étoiles
saignée de nostalgie dans la profondeurs marines
de la transfiguration

An Stelle von Heimat
habe ich die Verwandlungen der Welt

Les métamorphoses du monde
me tiennent lieu de pays natal

So die Kompositionen von Nomen und Partizipien:

soviel Samenkorn lichtbewurzelt
tant de semence aux racines de lumière

nachtbehandschuht
en gant de nuit

Mutterwasser
eaux matricielles

Ebenso die Komposition der rhythmischen Struktur dieser Verskunst: eine Choreografie der Zäsuren und „wirkungsvollen Pausen".

einatmend des Todes
dunkles Gewürz

respirant l'obscure épice
de la mort

Roter Faden und insgeheim auch Puls dieser Dichtkunst ist der Atemsinn, die Atemtechnik. Ein Atem, der Sinn erschafft und Sinn verleiht, so wie ihn der Oboist Heinz Holliger in seiner sich fast in dem ein oder anderen *Ènigmes ardentes* – glühenden Rätsel – wie nach Luft ringenden Komposition ausstößt, an der er mit Nelly Sachs in Stockholm gearbeitet hat.

Ebbe-und-Flut-Atem
üben mit den Seelen
die letzte Vorbereitung

souffles-de-flux-et-reflux
entraînent les âmes
à l'ultime préparatif

Rouah – Atem, *Maim* – Grundwasser. Dies sind die Elemente, die sich durch die gesamte Poesie von Nelly Sachs ziehen: Lüfte, Winde, letzte Atemzüge, der Atem des Lebens, Seufzer … – Quellen, Wasser, Meere und Ozeane, Ströme und Brunnen der Ewigkeit… wie ein Echo der ersten Verse in der Genesis (1–2):

une ténèbre sur les faces de l'abîme
mais le souffle d'Élohîm – Rouah Élohim – planait sur les faces des eaux

es war finster auf der Tiefe
und der Geist Gottes [Rouah Élohim] schwebte auf dem Wasser
[Anm. d. Übers.]

Und in der Aura dieser biblischen Dimension ihre sehnsüchtige Suche:

Si seulement je savais ce que signifient les éléments;
Ils te disent, car tout parle toujours
De toi; je ne peux que pleurer

Wenn ich nur wüsste, was die Elemente meinen;
Sie deuten dich, denn alles deutet immer
Auf dich; ich kann nichts tun als weinen[19]

Dieser Rouah-Atem verwandelt und skandiert ihr poetisches Werk zu einem langen, einzigartigen und weitgreifenden Psalm. Dieser psalmhafte Atemzug schafft den fundamentalen Unterschied zwischen der so rhythmischen Übersetzung der Bibel von Buber und Rosenzweig und der prosaischen Luthers.

In tiefer Sorge darum, jedes Synonym seinem Vorbild gleichkommen zu lassen, sich mit jedem Wort zu befassen, jedes Wort zu artikulieren, nicht nur wiederzugeben, sondern all seine Feinheiten zum Ausdruck zu bringen, und im „Verständnis der etymologischen Herkünfte" erstellen Buber und Rosenzweig jenes Deutsch-Hebräische. Sie erschaffen einen neuen Raum der Verantwortlichkeit anstelle des erdrückenden Gewichts der Erbsünde. Demnach, in Jesaja 1–4, dort, wo Luther übersetzte:

Weh dem sündigen Volk, dem Volk mit Schuld beladen
malheur au peuple pécheur, au peuple chargé de faute

übersetzen Buber und Rosenzweig, viel näher an den hebräischen Wurzeln und der syntaktischen Artikulation des Originals:

Weh
wegfehlender Stamm
schuldbeschwertes Volk

Das Lied von Nelly Sachs drückt die gleiche gegenseitige Befragung aus, diesen dialogischen Appell an Gewissen und Verantwortlichkeit:

19 Nelly Sachs: Die Kerze. In: Dies.: Die Leiden Israels (wie Anm. 15), S. 81.

À toi aussi, mon bien-aimé
Deux mains, nées pour s'ouvrir,
Ont arraché les souliers
Avant de te tuer

Auch dir, du mein Geliebter,
Haben zwei Hände, zum Darreichen geboren,
Die Schuhe abgerissen,
Bevor sie dich töteten.[20]

Mains
des jardiniers de la mort
…
Que faisiez-vous
Lorsque vous étiez mains de petits enfants ?
…
Ô toi main qui étrangles
Ta mère était-elle morte,
Ta femme, ton enfant
Que tu n'aies plus que la mort dans la main,
Dans cette main qui étrangle ?

Hände
Der Todesgärtner,
…
Was tatet ihr,
Als ihr die Hände von kleinen Kindern waret?
…
Ihr würgenden Hände,
War eure Mutter tot,

20 Nelly Sachs: Gebete für den toten Bräutigam. In: Das Buch der Nelly Sachs (wie Anm. 16), S. 77.

Eure Frau, euer Kind?
Daß ihr nur noch den Tod in den Händen hieltet,
In den würgenden Händen?[21]

Das dritte Heft – in dem Nelly Sachs, wie zwischen den Zeilen, die Bande, die sie mit den großen Texten der jüdischen Tradition knüpfte, miteinander verflochten und niedergeschrieben hat. Und dort, in ihrer Sprache, in den Bildern und den Evokationen liegt die Resonanz mit den Übersetzungen Bubers und Rosenzweigs. Sie liegt in den Worten, die das Ausmaß des Menschseins beschreiben, und einer widerhallenden Betrachtung des Leidens, des Kummers, aber auch in jener Klarheit im Angesicht einer solch verhängnisvollen Zeit:

si la voix des prophètes
soufflait
dans la flûte taillée dans les ossements des enfants assassinés

Wenn die Stimme der Propheten
auf dem Flötengebein der ermordeten Kinder
blasen würde[22]

Die höchsten Sphären und die größten Prophetenfiguren werden herbeigerufen, und ihre Stimmen rufen nach Hilfe in dieser Zeit der Finsternis:

David

bâtit les havres de nuit des psaumes
pour les blessures en chemin

und baute der Psalmen Nachtherbergen
Für die Wegwunden

21 Nelly Sachs: Hände. In: Dies.: Werke. Bd. 1: Gedichte 1940–1950. Hg. von Matthias Weichelt. Berlin: Suhrkamp 2010, S. 16.

22 Nelly Sachs: Wenn die Propheten einbrächen. In: Dies.: Die Leiden Israels (wie Anm. 15), S. 124.

Daniel

où es-tu, terrible clarté de rêve ?
Ils sont désormais trop nombreux, les signes jamais interprétés

Wo bist du schreckliches Traumlicht
Der ungedeuteten Zeichen sind zu viele geworden

Sinaï

où y-a-t-il encore un descendant
de la lignée des hommes de frémissement ?
Ô que sa clarté se lève alors
de la multitude des Sans-souvenir
des Pétrifiés !

Was ist noch ein Abkömmling
Aus der Erschauerten Nachfolge?
O so leuchte er auf
Im Haufen der Erinnerungslosen
Versteinerten![23]

Wie ein Echo dieser Suche, wiederaufgeschrieben vom Boden des Abgrunds, steht jener „Gesang der Gesänge" aus den düsteren Zeiten der Verzweiflung:

Constellation du bien-aimé
éteinte sous le souffle du bourreau
Elle cherche, elle cherche
de sa douleur embrase l'air

23 Nelly Sachs: Wenn die Propheten einbrächen. In: Dies.: Die Leiden Israels (wie Anm. 15), S. 131, S. 126, S. 130.

Sternbild des Geliebten
Vom Henker ausgeblasen
Sie sucht sie sucht
Brennt die Luft mit Schmerz an[24]

Das vierte Heft. Letzte Sphäre der Lektüre und zugleich erste Sphäre, wo die Wörter sich wie von innen heraus erhellen: „Hier regt sich auch der Wunsch, den ‚Kern' des Textes aufzuzeigen, in das Innerste des Textes vorzudringen, um sein Geheimnis hervorzubringen, das *sod*."[25] In diesem Heft nehmen die mit einer mystischen Aura versehenen Verse aus dem Zyklus *le mystère a surgi du mystère* [Das aus dem Mysterium hervorgehende Mysterium] (Zohar: Kapitel der Schöpfung) Gestalt an.

Des Alphabets Leiche hob sich aus dem Grab,
Buchstabenengel, uraltes Kristall,
mit Wassertropfen von der Schöpfung eingeschlossen,
die sangen – und man sah durch sie
Rubin und Hyazinth und Lapis schimmern,
als Stein noch weich war
und wie Blumen ausgesät

Wie soll man dieses Unübersetzbare mystischer Klarheit deuten? Wie sich so nah wie möglich an die Sprache der Dichterin halten? Wie nun die passenden Wörter finden, die nicht jene kristallinen Bilder und Tonalitäten, inspiriert durch die Sprache des Zohar, welche Nelly Sachs, als sie die Übersetzung von Gershom Scholem studierte, verraten?

la lumière était déjà une bouche qui se taisait

Das Licht war schon ein Munde der schwieg[26]

24 Nelly Sachs: Die Suchende. In: Norbert Oellers (Hg.): Manche Worte strahlen. Deutsch-jüdische Dichterinnen des 20. Jahrhunderts. Erkelenz: Altius 1999, S. 25–42.

25 Vgl. Alexandre Safran: Étincelles d'interprétation. In: Ders.: Lumières pour l'avenir. Réflexion sur le temps et l'éternité. Paris: Albin Michel 2011, S. 229–252.

26 Zitiert nach Nelly Sachs in: Ruth Kranz Löber: In der Tiefe des Hohlwegs. Die Shoah in der Lyrik Nelly

Die Inspiration zu dieser Wortwahl gab mir die Übersetzung der gleichen Zohar-Texte von Charles Mopsik; in der kristallinen und erhellenden Schwingung, die er der französischen Sprache verleiht; in seinen Konnotationen, in denen „einzelne Zusammenhänge und unerwartete Zugänge herausquellen". Eine Sprache zu formulieren, die, wie Charles Mopsik über seine Übersetzung schreibt, „sich schon jenseits aller Signifikation weiß."

Übersetzen, das bedeutete hier, eine geheimnisvolle Lexik aufzutun oder den Mut zu schöpfen, bis ins Letzte zuzuhören und das Risiko einzugehen, durch eine exakte Wortwahl über die Wörter hinauszugehen:

> Le cadavre de l'alphabet se leva de sa tombe
> ange de lettres cristal sans âge
> enclos en gouttes d'eau de la Création
> qui chantaient – et à travers elles on voyait
> luire rubis et hyacinthe et lazurite
> au temps où les pierres étaient encore tendres
> et semées comme des fleurs

Hinter der Wahl der am nächsten zur Syntax gelegenen Konstruktion, der Wahl der Verben, Adjektive und Substantive, der unendlichen Feinheiten der Partikel und der Risiken zusammengesetzter Wörter, wohnte im Herzen dieses Liedes, und wohnt immer noch, eine geheimnisvolle Aura.

Zum ersten Mal in meiner Übersetzungsarbeit realisierte ich, dass „Übersetzen", in seiner ganz eigenen Art und Weise, sich hier auch als „Interpretieren" bezeichnen ließe. Und zwar im Sinne des Wortes *deuten*, mit dem Buber und Rosenzweig die Anweisung des Pharao an Joseph übersetzten, ihm seinen Traum zu „interpretieren – *liftor*" (Genesis 41–15), um einerseits mit äußerster Genauigkeit zu arbeiten und andererseits den verborgenen Sinn des Gedichtes wieder aufzubereiten, sodass jeder ihn wahrnehmen kann. Diesen Funken Sternenlicht, den Nelly Sachs der Finsternis entreißt und der verwüsteten deutschen Sprache wiedergibt:

Sachs. Würzburg: Könighausen & Neumann 2001, S. 90.

Dans la neige
va la femme
elle tient sur son dos
mal agrippés
en grand secret
des rameaux cassés avec les bourgeons
encore couverts de nuit

Im Schnee
die Frau geht
hält auf dem Rücken
umkrampft mit falschem Griff
ganz heimlich
abgebrochene Zweige mit Knospen
noch von Nacht verdeckt[27]

27 Nelly Sachs: Weiß im Krankenhauspark. In: Dies.: Werke. Bd. 2 (wie Anm. 17), S. 195.

EINE GASTFREUNDLICHE SPRACHE

Wir verlassen gerade einen dieser Triftwege, die seit jeher zu den nahen Schafställen von La Crau und bis zu den fernen Weiden der südlichen Alpen und nach Piemont führen. Der Pfad, dem wir folgten, führte zum Mont Paon. Ich wurde begleitet von einem Freund, der zwischen Wachholder und Cistrosen, Rosmarin, Stecheichen und Aleppokiefern den Weg bahnte und dabei von einer jungen jüdischen Anthropologin erzählte. Sie wurde 1884 in Odessa geboren, als Kind einer aus Galizien, an der Grenze zum Zarenreich, stammenden Familie. Eines kalten Tages, zum ersten Schnee des Jahres, fand sie ihren Weg zu einer Gemeinde in Savoyen, Bessans, um dort das Leben der Bergvölker zu studieren. Beim Wandern auf diesem Weg sagte mir etwas, dass es auf der Suche dieser jungen Frau, die 1905 von den Pogromen aus Odessa gejagt wurde, Zuflucht in Wien fand und 1942 in Sobibor ermordet wurde, hier noch etwas ganz anderes als den Ruf der Gletscher und den Reiz der prächtigen Gipfel gegeben haben musste. Wir kletterten den steilen Pfad hinauf. Am Gipfel angekommen, entdeckten wir auf einmal in den noch dunkelblauen Weiten der Nacht einen unglaublichen Himmelsbogen, der sich von den Alpen bis ans Meer erstreckte, wo die ersten Sonnenstrahlen die antiken Ruinen um uns nach und nach aus den Schatten hervorholten. Eine Konstellation, wo das Licht die Dunkelheit übertrifft. Diese Morgenwege stellten die erste Begegnung mit Eugénie Goldstern unter das Zeichen dieser weiten, offenen Horizonte – eine weitläufige Alpenlandschaft, in der es keine Grenzen mehr gibt. So wie dieser Alpenbogen, den sie durchkämmte, um das Leben der Bewohner noch der entlegensten Täler zu teilen, zu entdecken, zu verstehen und zu beschreiben. Und das trotz der Grenzen, an denen sie schon mehr als einmal zurückgewiesen wurde. Unter dem Zeichen jener Lichtruinen steht auch jeder ihrer Texte, in denen eine Faszination von den bescheidensten Dingen herauszulesen ist und die sich Fremden gegenüber stets als gastfreundlich erweisen. Jene Überbleibsel des Lichts, welche die Nazis in der Umnachtung der Ignoranz und des Vergessens zum Verlöschen bringen wollten.

Eine Übersetzung, eingeführt unter der Konstellation dieser klar angelegten Wege zwischen Zistrosen und Rosmarin. Eine langsame Eroberung der Schatten, um den Texten, die wir dann wiederentdeckt und aus den Bibliotheken in London, Wien und Genf gesammelt haben, um ihnen eine Stimme zu verleihen und auf diese Weise einen nach dem anderen aus den Aschen dieser unmenschlichen Verwüstung des Geistes zu retten. Bis heute sind die Texte in Österreich nicht neu aufgelegt worden.

Der Werdegang dieser Schriften, die mit Sorgfalt das alltägliche Leben der Dörfer, der Weiler, der Almen an den Rändern und den durcheinander geworfenen Grenzen eines Europas im ersten Viertel des 20. Jahrhunderts beobachten, greift weit aus und reicht vom Balkan bis Savoyen. Darunter auch die Überlieferung der Kommune in Bessans, die Eugénie Goldstern mit ihrer Arbeit bewahren und retten konnte, welche sie einst in den Vormonaten des Ersten Weltkrieges in jenes Gebiet geführt hatte. Ein Dorf, das von den deutschen Truppen im Sommer 1944 in Brand gesteckt wurde.

Ein Werdegang, im Raum weit ausgreifend, der zeitlich aber nicht länger als zehn Jahre dauerte und 1924 auf brutale Weise vom Aufkommen der nationalsozialistischen Ideologie an der Spitze der österreichischen Ethnologie unterbrochen wurde.

Geographie des Exils und gleichzeitiger Zugehörigkeit, überall wo sich Menschen begegnen. Eine Geographie, die mich durch die langjährige Arbeit am Werk von Eugénie Goldstern eine Komplementarität lehren wird. Eine Grundlehre ihres Humanismus und ihrer pionierhaften Annäherung an die Ethnologie.

Komplementarität, sorgsam ausgearbeitet, ausgehend von Vergleichen, die sie in Zeit und Raum durch die Vervielfachung der Annäherungsmöglichkeiten etablierte, um den Sinn an die Oberfläche zu tragen. Dabei stets den beständigen Teil dieser Welten hinterfragend und sich das Verschwinden, von dem wir auch heute zutiefst betroffen bleiben, vor Augen haltend. So auch von ihrer Arbeit über das sogenannte primitive Spielzeug, das sie untersuchte und in den abgelegenen Tälern der Schweiz zwischen 1919 und 1920 sammelte. Auch hinterfragte sie im Allgemeinen die Beziehung dieser Spielzeuge zu Kultobjekten und überließ es den folgenden Generationen, die Forschung weiterzuführen, was die ihr zur Verfügung stehenden Mittel nicht zuließen. In den Studien, die sie schrieb, widmete sie dem Austausch mit den Kindern, die sie auf den Bauernhöfen und den Almen gepflegt hatte, allen Raum. Dort schrieb sie mit größtem Respekt die einfachen gebräuchlichen Worte und die Fantasieworte für das Lieblingsspielzeug jener Kinder auf, wie sie dieses beschreiben und ihren Gebrauch erklären.

Komplementarität, die übernational und zugleich in das Herz dieser Sprache ganz eingeschrieben ist, gemäß den Worten von Imre Kertész, die von einer grenzenlosen deutschen Sprache wissen, in welcher Kafka in Prag schrieb, Celan oder Roth in Paris, Canetti in London und Zweig in Brasilien. In diesem Moment spricht jede gastfreundliche Sprache von den getroffenen Gebieten, nimmt sie auf und gibt mit unendlicher Genauigkeit die Worte und Wendungen jedes Tals, jedes Weilers und ihrer Varianten auf der anderen Seite des Berges oder der nach dem Ersten Weltkrieg plötzlich errichteten Grenzen wieder.

Wie soll man diese Komplementarität übersetzen, dieses literarische Wechselspiel jener Sprache, welche die entlegensten Orte und alle Nuancen der dort beherbergten Sprecher und ihre Redewendungen und Bezeichnungen in sich fasst – von den Alpen über Slowenien bis nach Savoyen, vom Piemont nach Tirol, Wallis und Graubünden? Zunächst führte mich meine Suche, die Begriffe zu verstehen und für sie geeignete Bezeichnungen zu finden, in das Ethnologische Museum in Genf, wo Erica Deuber Ziegler und ihre Gruppe mich aufnahmen und mir den Amoudruz-Bestand mit seiner Sammlung von Alltagsgegenständen der savoyischen Bergbewohner, die Eugénie Goldstern studierte, zugänglich machten. Es war ein „einsprachiger" Ansatz. Wie soll man aber eine Art „topografisches" Wörterbuch anlegen, mit all dem Variationsreichtum je nach Ort und Brauch, wo jedem Begriff sein Kontext zugeordnet ist? Von einem Kontakt zum anderen führte mich meine Suche nach Fribourg zu dem hervorragenden Ethnologen Jean-Pierre Anderegg, der sich auf die Alpenbewohner und ihre Architektur spezialisiert hat. Er nahm den größten Teil der Untersuchungen in seinem zweisprachigen Kanton, seiner Wahlheimat, vor. Seine Muttersprache ist Deutsch; seine Arbeiten schreibt er sowohl auf Deutsch als auch auf Französisch. Durch die mehrsprachige Geschichte der Schweiz kennt er auch deren italienische und romanische Entsprechungen. In dieser andersartigen Schweizer Tradition, dieser anderen Art Ethnografie, arbeitet er daran, sich dem Land zuzuwenden und vor Ort die Bewohner und ihre Heimat zu studieren. Dort sammelt er all die Begriffe und ihre Varianten in den unterschiedlichen Dialekten (*patois*) der vier Nationalsprachen. Dabei folgt er der Methode der „Wörter und Dinge", die er von seinem Lehrmeister Richard Weiss übernommen hat, in einer zeitgenössischen und grenzübergreifenden anthropologischen Herangehensweise. Diese Methode ähnelt stark jener, der ich beim Werk von Eugénie Goldstern nachging: ich brachte ihm die gesamten Texte in Originalausgabe, mitsamt all der Bezeichnungen, die sie gesammelt, sorgfältig notiert und gegliedert hatte. So zum Beispiel in ihrer Studie über die Häuser im Val Müstair, bei den Formulierungen im hiesigen Rätoromanisch oder Romantsch, deren Fortbestand sie gesichert hat und von denen Jean-Pierre Anderegg nicht nur die Verwandtschaft mit den Dialekten Südtirols und des Frioul in Norditalien kennt, sondern auch die Übersetzung ins Deutsche, später ins Französische. Ein Französisch, mit dem er mir beibrachte, die topografische Verteilung der Begriffe nachzuzeichnen und ihre verschiedenen Anwendungsbereiche im geografischen Kontext sowie ihre lokalen Verwendungen aufzuführen. So bedeutet zum Beispiel das Wort „maison [Haus]" auf Bas-Valais „cuisine [Küche]" und das Wort „chalet [Hütte]" spiegelt auf Schweizer Französisch eine ganz andere soziale und kulturelle Realität als das gleiche Wort auf Savoyisch wider. Genauso auch bei den feinfühligen Adjustierungen und Kontextualisierungen der Grundbegriffe, für die Jean-Francois Lyon-Caen, Verantwortlicher der Forschungsgruppe „Architektur – Landschaft – Gebirge" an der ENSAG (École supérieure d'architecture de Grenoble), uns sein weitreichendes Wissen über die Menschen und die Architektur dieses Landes zur Verfügung stellte. Somit bildete sich, dank der Hilfe einer kleinen Gruppe von Anthropologen, Tierärzten, Kunsthistorikern und Botanikern, schließlich ein vollständig greifbares Vokabular, ein Übergang in eine französische Sprache, auf deren Basis ich die Verwendung der Wörter letztlich präzisieren konnte. Von diesem Wortschatz bestimmt, erfuhr ich Stück für Stück, dass er, um die Sprache Eugénie Goldsterns widerzuspiegeln, ein „Mischling" sein musste – offen für all die dahingegangenen Kulturen, respektvoll gegenüber allen Gemeinsamkeiten und Unterschieden. Dieser deutschen Sprache, Schmelztiegel Mitteleuropas, bedient sich Éugenie Goldstern in ihrer Schriftsprache. Diese Sprache, in der die Nazi-Ideologie keinen Halt mehr finden sollte – eine Sprache des Geistes, ohne territoriale Grenzen und von so vielfältiger Zugehörigkeit. Diese Sprache, die sie aufnahm, von der sie aber exiliert wurde, ausgeschlossen aus allen Forschungsbereichen, aus dem intellektuellen Leben, aus ihrer Arbeit als Gelehrte. Und das schon im Jahre 1924, als Arthur Haberlandt – Ethnologe und Verfechter der nationalsozialistischen Ideologie – Leiter des Volkskunde-Museums in Wien wurde.

Dieses unbeugsame, unveräußerliche Deutsch zu übersetzen, das bedeutete langwieriges und sorgfältiges Studium eines Humanismus, der auszieht, das Einfachste herauszustellen, um zu betrachten, was die menschliche Suche durch Zeit und Raum universal auszeichnet. Es bedeutete auch das langwierige Erlernen eines Gehörs für diese von all den verschiedenen Ländern und Kulturen, die sie durchquerte, geprägte Sprache, und es bedeutete, Stück für Stück ihren Weg zurückzuverfolgen. Deshalb machte ich mich, um der Übersetzung den letzten Schliff zu geben, auf den Weg in eines der abgelegenen Schweizer Hochtäler, das auch schon Eugénie Goldstern durchkämmt hatte. Dazu wurde ich in das kleine Haus der Niederer Stiftung eingeladen, benannt nach einem der ersten Ethnologen, die Bessans Arbeiten entdeckten und sich damit beschäftigten. Am Ende meiner Reise, in diesem kleinen, gletscherumflossenen Tal, konnte ich abschätzen, wie weit diese Sprache, dieses Werk, all jene Einhegung hinter sich gelassen und überholt hatte, die sich in jener Zeit zwischen dem Ersten und dem Zweiten Weltkrieg in Europa festgesetzt hatte.

Ich erinnere mich gut an jenen Morgen der Schneeschmelze, als mir, an einem alten Tisch unter dem Fachwerk, plötzlich klar wurde, dass der Fremde nicht der andere ist, sondern ich selbst: dass ich diejenige war, die von ihm noch viel zu lernen und zu verstehen hatte. Dies war mir ohne Zweifel die wichtigste Lehre des Übersetzens.

KINDHEITSPRACHE

Wie ergreifend war die Stille der frühen Morgenstunden im Dorf Izieu, an der Grenze zwischen Ain und Iser. Am anderen Ende dieser verwinkelten Straße, auf der am Nachmittag des 6. April 1944 auf Befehl von Klaus Barbie, Chef der Gestapo in Lyon, zwei mit Planen bezogene Lastwagen bis zur Zuflucht von 44 jüdischen Kindern hinauffuhren, um sie zu verhaften – um das Leben und all den Kinderlärm aufzuhalten. Wie ergreifend diese menschenleere Stille, diese Stille der Abwesenheit, als sich der Morgennebel auf die noch schlummernde Stadt legte.

Das Motiv des Kindes ist Herzstück aller Werke von Nelly Sachs, die Grundtonart ihres Gesangs, es stellt den roten Faden all ihrer Sammelbände dar.

Wir haben eine Lesung in den alten Steinmauern organisiert, die den Kindern Schutz boten – vor dem Brunnen, wo sie gespielt hatten und in dem kein Lebenswasser mehr fließt.

Als ich hörte, wie die Gedichte von Nelly Sachs zwischen den Heften ertönten, die auf der Seite einer stehengebliebenen Zeit aufgeschlagen blieben, begriff ich, dass die Sprache ihrer Poesie – zwischen den aus dem Lebensbaum herausgerissenen Buchstaben und Zeichen – diejenige der Kindheit ist: erstickt durch den Schmerz, die Revolte, durch niemals beantwortete Fragen. Sie geht die Zeit aufwärts hin zu den Quellen aus Bildern, Worten, Entzückungen, Erwartungen und aus absolutem Vertrauen:

> Ô nuit des enfants en pleurs !
> Nuit des enfants marqués à mort !
> ...

La mère hier encore
Telle une lune blanche
Attirait le sommeil
...
Toujours
là où meurent des enfants
pierre et étoile
et tant de rêves
deviennent apatrides

O der weinenden Kinder Nacht!
Der zum Tode gezeichneten Kinder der Nacht!
...
Zog die Mutter noch gestern
Wie ein weißer Mond
den Schlaf heran,[28]
...
Immer
Dort wo Kinder sterben
werden Stein und Stern
und so viele Träume heimatlos[29]

Kindheitsprache:

Diejenige, in der Imre Kertész unversehrte Worte wiedergefunden hat, die Worte unveräußerlicher Taten, um von Extremen der Menschlichkeit zu erzählen. Diese Geste „eines Mannes" im Lager Auschwitz „oder besser gesagt eines Skelettes, den wir, ich weiß nicht warum, Herr Lehrer, nannten", der auf das Kind zuschwankte, „das auf einigen als Tragebahre zusammengenagelten Brettern lag", und ihm unter Einsatz seines Lebens „eine kalte Portion Essen" mit jenen aus der Katastrophe gerettenden Worten übergab: „Was hattest du geglaubt?" Ein errettender Satz für ein Kind, das seinen Glauben daran verloren hatte.

28 Nelly Sachs: O der weinenden Kinder: In: Dies.: Die Leiden Israels (wie Anm. 15).
29 Nelly Sachs: Immer. In: Ebd., S. 141.

Kindheitsprache:

Diejenige, in der Aharon Appelfeld, als Typograph der Seele, in tiefster Nacht, jeden Druckbuchstaben wiederentdeckte und in der Matrize seiner „neuen Sprache“ zusammensetzte, die in ihm „Wurzeln schlug“. Seine Schriftstellersprache.

Inneres Sprachland.

Walter Schmitz

ÜBER MIREILLE GANSEL, DIE ÜBERSETZERIN UND POETIN

I. Biographisches

Mireille Gansel wurde in Paris geboren. Sie lehrte an Universitäten in Paris und Lyon im Fach Germanistik; Politik und literarische Übersetzung zählten dabei zu ihren Themen. Im Jahr 1970 war Mireille Gansel in die DDR gereist. Sie nahm mit Peter Huchel und Reiner Kunze Kontakt auf. In den *Lettres Nouvelles* der Editions Denoël erschien sogleich 1971 eine erste Auswahl der Gedichte von Peter Huchel und Reiner Kunze, übersetzt von Mireille Gansel: „Ein Sammelband mit den Gedichten eines ostdeutschen Poeten: Reiner Kunze – verboten in seinem Heimatland, selbst Freund und Übersetzer vieler großer tschechischer Dichter, die nur zu gut mit Verbannung, Zensur und Gefängnis bekannt sind: Kundera, Skácel, Holan …" (S. 22). Im Jahr 2001 wird *Un jour sur cette terre*, ein zweisprachiger Band mit den Gedichten Reiner Kunzes aus *Ein Tag auf dieser Erde*, publiziert, denen die Übersetzung Mireille Gansels gegenübergestellt war; weitere Bände folgen, zuletzt im Jahr 2012 *L'etang est ma table / Der Teich ist mein Tisch* (Kuß der Koi).

In jenem Jahr 1971 war ein weiteres Buch erschienen, zu dem sie beigesteuert hatte, somit eine zweite Linie in ihrer künftigen Lebensarbeit als Übersetzerin eröffnend: *Trésor de l'homme*, Gedichte und Erzählungen aus Vietnam; zwei Jahre später erschien *L'enfant qui venait du Vietnam*; Blaga Dimitrova, die bulgarische Übersetzerin und Schriftstellerin, hatte ein vietnamesisches Mädchen adoptiert; Mireille Gansel hatte Dimitrovas Buch bearbeitet und übersetzt und wird auch künftig mit ihr zusammenarbeiten. Als Mitarbeiterin der UNESCO schließlich überträgt sie eine umfassende Auswahl vietnamesischer Gedichte ins Französische: *Grande anthologie de la poésie vietnammiene*, 1981, und nochmals: *Mille ans de poésie vietnammienne*, 1997.

In den 1990er Jahren wird Mireille Gansel Mitarbeiterin von Yehudi Menuhins *Assemblée des Cultures d'Europe*. Die Musik bedeutete für Menuhin, einen der großen Violinisten des 20. Jahrhunderts, mehr als nur eine schöne Kunst; sie war für ihn „Medium, um Völker, Rassen, Kulturen und Zivilisationen einander nahezubringen":[1] Und so ging es ihm darum, mit der *Assemblée des Cultures d'Europe*, die er 1991 in Brüssel gründete, gleichsam auch jenen im Konzert der europäischen Völker eine Stimme zu geben, die sich nicht auf staatlichen Rückhalt oder eine andere Form von Macht stützen konnten; die Sinti und Roma, die Armenier, die Samen (und hier ist zu bemerken, dass selbst die Benennung dieser Gruppen sich erst spät an ihren eigenen Namen orientierte, so dass aus den ‚Lappländern' Samen, aus den notorisch so benannten ‚Zigeunern' Sinti und Roma wurden); mehr als dreißig solcher Minderheiten sollten ein europäisches Forum erhalten, und sie sollten damit auch von den europäischen Institutionen wahrgenommen werden. Nach Menuhins Tod im Jahr 2004 gab Mireille Gansel den Band *La Violon de la paix* mit Yehudi Menuhins Schriften heraus, von ihr aus dem Englischen übersetzt – „compose comme une rhapsodie".[2]

In drei Bänden legte sie das Gesamtwerk von Nelly Sachs in französischer Sprache vor (1999/2005); zudem hatte sie 1999 auch die französische Übersetzung des Briefwechsels von Nelly Sachs mit Paul Celan veröffentlicht. Und im Jahr 2008 erschien, von Mireille Gansel herausgegeben, der Band: *Eugénie Goldstern (1884–1942), ethnologue de l'arc alpin: Œuvres complètes*, eine weitere, wieder ansetzende Erkundung in ihrer Suche nach dem fast vernichteten jüdischen Erbe Europas - und nach den Zeugnissen eines vergessenen Volkslebens.

II. Das Werk

Ich weiß nicht, ob es Übersetzer oder Übersetzerinnen gibt, die den Tag an ihrem Schreibtisch verbringen, links das Buch mit jenen Texten eines Autors, die es zu übersetzen gilt, rechts vielleicht ein Heft, in das die Übersetzung allmählich eingetragen wird (heutzutage wohl eher ein Computer mit Textverarbeitungsprogramm). Ich weiß nicht, ob es diese abgeschiedene Übersetzerklause gibt. Mireille Gansel hätte sie wohl niemals bewohnen wollen.

So weit das Spektrum dieser Arbeiten gespannt ist, so offenkundig ist doch die Einheit dieses Werkes. Zunächst einmal sind Weite und Offenheit selbst die Eigenschaften, die den Rang dieses Œuvres bestimmen. Gar nicht erwähnt habe ich bislang etwa die Arbeit an einem Film, der von Pierre Emanuelle über die Poeten der Francophonie im Jahr 1975 in Auftrag gegeben wurde. Nicht erwähnt habe ich die Essays über die Dichter, deren Werk sie sich als Übersetzerin widmete, so etwa *À propos Nelly Sachs et la nuit* (2003). Nicht erwähnt habe ich, wie die Essays in Gesprächen fortgeführt werden, so etwa mit Reiner Kunze *Die Chausseen der Dichter. Ein Zwiegespräch über Peter Huchel und die Poesie* (2004), ein Band, der wiederum 2007 in französischer Übersetzung vorgelegt wurde: *La nasse d'étoiles. Dialoque pour surmonter l'exil.*

1 Rolf Michaelis: Fiedler für den Frieden. [Friedens-]Preis des Deutschen Buchhandels für Yehudi Menuhin. In: ZeitOnline, 12. 10. 1979.

2 So die Charakterisierung in der Bibliographie des französischen Originals, *Traduire comme Transhumer*, S. 93.

Sodann jene Bücher, in denen sich autobiographische Reflexion und Rechenschaft verbinden, zuletzt eben der hier vorgelegte Band *Traduire comme transhumer / Übersetzen als Weiterziehen* (2012). Der französische Titel, der sich nur schwer übersetzen ließe, verknüpft die Erfahrungen, die Mireille Gansel auf den Spuren von Eugénie Goldstern sammelte, mit ihren eigenen, hatte die Ethnologin doch jene gemeinsamen kulturellen Züge erscheinen lassen, die – aus der Alpenregion – zum Allgemein-Menschlichen beitragen.[3] Jean-Claude Duclos hat einen davon – und damit zugleich Mireille Gansels Titelwahl – kundig erläutert: „Übersetzen als Weiterziehen – Der Übersetzer als Wanderhirte: Transhumanz meint bekanntlich die zyklische Wanderung von Mensch und Vieh zwischen Sommer- und Winterweide, wörtlich von einem ‚Humus' zum andern. Dieser mediterrane Hirtenbrauch ist seit der Antike bekannt. Er setzt die intime Kenntnis von zwei grundverschiedenen Territorien voraus, die sich als Futterstandorte ergänzen. Weil sie deren jeweilige natürliche und kulturelle Bedingtheiten kennen, verstehen es die Wanderhirten seit Jahrtausenden, diese Unterschiedlichkeit fruchtbar zu nutzen. Dank der Verbindung zweier gegensätzlicher Biosphären erreichen ihre Herden das erwünschte Gleichgewicht in ihrer Nahrungsbeschaffung. Frei nach Hölderlin, der sagte: ‚Das Eigene will ebenso erlernt sein wie das Fremde'."[4] Übersetzen, das bedeutet für Mireille Gansel ganz offenbar nicht nur das Übertragen von Texten von einer Sprache in die andere, es bedeutet ein Prinzip humanen Daseins – und es bedeutet auch die Teilhabe an einer universalen Sprache der Poesie: „Nachdichten und einander den eigenen Vers hinschenken – das ist der Internationalismus der Dichter."[5] Und was, so wussten es die deutschen Romantiker, was ist Poesie denn anderes als ein Gespräch, und was ist sie anderes als Weltpoesie? Und so war zu erwarten, dass Mireille Gansel mit eigenen Gedichten an diesem Gespräch der Weltpoesie teilnimmt: 2006 erschien *Larmes de neige / Die Tränen des Schnees*.

Der Titel dieser Gedichtsammlung spricht auch von Trauer, und eine Spur der Trauer durchzieht das Œuvre von Mireille Gansel. Sie widmet ihre Arbeit denen, für die Poesie zur letzten – und nicht immer rettenden – Zuflucht wurde in den Schrecken des 20. Jahrhunderts.

In Menuhins Stiftung hatte sie sich den verfolgten Minderheiten zugewandt. Dass auch Sinti und Roma im Dritten Reich für den Völkermord bestimmt waren, wird erst in den letzten Jahren anerkannt. Der Völkermord an den Armeniern, begangen von türkischen Truppen in den Jahren 1915/16, ist zwar nicht völlig vergessen; 1933 schon hatte Franz Werfel ein literarisches Denkmal mit seinem Roman *Die vierzig Tage des Musa Dagh* gesetzt; die türkische Politik reagiert allerdings noch heute höchst aversiv gegen jede Mahnung an diesen Genozid. Als

3 Nach André Vallini u. Louis Besson: Préface. In: Eugénie Goldstern (1884–1942): être ethnologue et juive dans l'Europe alpine des deux guerres. Ouvr. prép. par Jean-Claude Duclos et Audrey Lutin. Grenoble: Musée Dauphinois [u. a.] 2007, S. 5.

4 So im Vorwort des französischen Originals des hier vorliegenden Bandes, S. 12 (Übertragung ins Deutsche von Jean-Pierre Anderegg).

5 Reiner Kunze/Mireille Gansel: Die Chausseen der Dichter. Ein Zwiegespräch über Peter Huchel und die Poesie. Stuttgart: Radius 2004, S. 59.

Mireille Gansel sich der Poesie des vietnamesischen Volkes zuwandte, war der vietnamesische Bürgerkrieg noch in vollem Gang, ein Stellvertreterkrieg, der die Maxime, man müsse global denken, aber lokal handeln, höchst zynisch in die Tat umsetzt.

Und der Zweite Weltkrieg lag ja noch nicht sehr lange zurück. Wohl schien jetzt in Europa, dem verwüsteten Kontinent, der Frieden eingekehrt, und der Schrecken hatte sich gleichsam globalisiert in andere Weltgegenden verlagert. Aber waren Erinnerung und Mahnung erwünscht? In Frankreich? Und vor allem in Deutschland, in jenem Land, das den Krieg zu verantworten hatte? Von jenem Volk, das die Verantwortung für die Ermordung von sechs Millionen Juden in ganz Europa zu tragen hatte?

Auch viele Mitglieder ihrer Familie seien, so erklärt die Übersetzerin Mireille Gansel, ermordet worden; aber sie habe Nelly Sachs und Paul Celan übersetzt, Entkommene, Entronnene, Bewahrer der deutschen Sprache vor den Deutschen. Nelly Sachs war der Ermordung durch die Nationalsozialisten mit knapper Not entgangen. Sie starb im Exil hochgeehrt – 1966 mit dem Literatur-Nobelpreis ausgezeichnet. Nach Deutschland ist sie nie zurückgekehrt. Paul Celan hatte die Shoah in Transnistrien und diversen Zwangsarbeiterlagern überlebt; seine Heimat Czernowitz in der Bukowina, eine ‚Gegend, in der Menschen und Bücher lebten', hatte er verlassen müssen; er kam über Wien nach Paris, vermied die deutsche Bundesrepublik. Hier, im westlichen Teilstaat, sollte jetzt Normalität herrschen, auch in literarischen Dingen. Man holte nach, was man versäumt hatte. Eine restaurierte Moderne bestimmt das kulturelle und auch das literarische Klima der 1950er Jahre. Die Gruppe 47 verstand sich als das Forum einer Literatur des Neuanfangs. Im Mai 1952 wird Paul Celan auf dieses Forum gebeten. „Als Celan vor der Gruppe 47 vorgelesen hat", so berichtet Mireille Gansel im Gespräch mit Reiner Kunze, „hat man ihm vorgeworfen, er lese wie Goebbels. [...] Er war nicht nur zutiefst getroffen, es hat ihn fast in eine Paranoia gestürzt." Reiner Kunze repliziert fassungslos: „Oh Gott."[6] Zu ergänzen ist, dass der Kritiker der *Frankfurter Allgemeinen Zeitung* Günter Blöcker zu Celans nächstem Gedichtband vermerkte, dessen manierierter Avantgardismus sei durchaus nachvollziehbar, da der Autor ja eben aus dem Ausland stamme und nicht richtig Deutsch könne. – Im Jahr 1970 beging Paul Celan in Paris, seinem Fluchtort, der ihm letztlich auch keinen Schutz mehr bot, Selbstmord.

Im anderen deutschen Staat, der Deutschen Demokratischen Republik, die ja ein anderes, und zwar besseres, Deutschland sein wollte, wird Paul Celan zum ersten Mal 1962, in dem letzten von Peter Huchel als Chefredakteur verantworteten Heft von *Sinn und Form*,[7] veröffentlicht. Formalismus war das eine Verdikt, dem seine Gedichte wie seine Prosa, die sich allerdings dem Diktat eines sozialistischen Realismus ganz und gar nicht fügten, verfallen mussten. Um als Opfer des Faschismus zu gelten, mangelte es ihm an der Gesinnung des kommunistischen Widerstandskämpfers, denn die DDR war ja der Staat des verfassten Antifaschismus. Von

6 Kunze/Gansel. Chaussen (wie Anm. 5), S. 30.

7 Zum „DDR-Debüt" Paul Celans vgl. Celan-Handbuch: Leben – Werk – Wirkung. Hg. von Markus May, Peter Goßens u. Jürgen Lehmann. 2., aktualisierte und erw. Aufl. Stuttgart/Weimar: Metzler 2012, S. 339.

ihren Bürgern erwartete sie eine bruchlose und makellose Biographie. Es blieb den Dichtern vorbehalten, das Leid der Schuldigen zu leben.

Im Jahr 1971 sieht sich Peter Huchel nach jahrelangem Hausarrest gezwungen, die DDR zu verlassen. Seine und Reiner Kunzes Gedichte waren die ersten, die Mireille Gansel übersetzte. Huchel hatte sich dem staatlichen Druck nicht gebeugt.[8] Das Amt des Redakteurs der Zeitschrift *Sinn und Form*, vielleicht das einzige Forum für eine offene, mühsam gegen die Zensur verteidigte Poesie, hatte man ihm genommen. Doch als Mireille Gansel und Reiner Kunze ihr Gespräch *Die Chausseen der Dichter. Ein Zwiegespräch über Peter Huchel und die Poesie* führen, war aus den Archiven bekannt geworden, dass Peter Huchel schon während des Dritten Reiches veröffentlicht hatte, darunter auch Huldigungsverse an den Führer. So eröffnet denn Mireille Gansel ihr Gespräch mit Reiner Kunze sogleich mit einer Frage: „Warum hat es [einen erklärten] Widerstand von Dichtern in Deutschland nicht gegeben",[9] zunächst in der Herrschaft des Nazismus? Und allmählich wird sich diese in die andere Frage verwandeln: Wie können denn Dichter als Dichter Widerstand leisten?

III. Widerstand und Übersetzung

Die Antwort ist eine doppelte, und in ihr verbirgt sich ein schöpferisches Paradox. Der Widerstand der Dichter besteht darin, dass sie Dichter sind, dass sie in einer Zeit, die von der Sprache der Propaganda, einer Sprache des Krieges und der Gewalt beherrscht wird, sich an dieser Sprachzerstörung nicht beteiligen. Sie bewahren einen Teil einer universellen Sprache, welche die Menschen verbindet: Es wäre jene Poesie der Welt. Und das Verbindende, das in jedem Gedicht verborgen liegt – die Übersetzer führen es zusammen. Sie schaffen einen Weg von einer Sprache zur anderen, und damit öffnen sie Wege zwischen den Menschen, die diese Sprache sprechen. „Es ist so leicht, den Weg zu uns zu finden." So lautet das Motto des Gedichtes von Reiner Kunzes *Der Weg zu euch*. Es stammt von dem tschechischen Dichter Jan Skácel. Mireille Gansel zitiert es in einem der kurzen Prosastücke, aus denen ihr Band *Traduire comme transhumer* komponiert ist: „Le prix d'une lettre" (Der Preis eines Briefes). Das Paradox der Poesie aber besteht darin, dass sie ihren eigenen, eigensinnigen Weg geht und dass sie Widerstand eben deshalb leistet, weil sie sich nicht einlässt auf die Ordnung, der zu widerstehen wäre. Sie ist nicht parteiisch im Sinne einer Partei, sondern sie nimmt Partei für den Menschen, für die Wirklichkeit und für die Wahrheit.

Die ‚Chausseen der Dichter', die Wege, die über die Grenzen hinwegführen, die Grenzen

8 Vgl. dazu Ritchie Robertson: ‚Poetry, Power and Peter Huchel'. In: Reiner Kunze/Mireille Gansel: "In time of need": A conversation about poetry, resistance & exile. Transl. by Edmund Jephcott. With an essay by Ritchie Robertson. London: Libris 2006, S. 63–90.

9 Kunze/Gansel. Chausseen (wie Anm. 5), S. 5.

der Sprache, aber auch die Grenzen des Schreckens – sie sind nicht einfach zu gehen. Dass Mireille Gansel sich der Poesie der Kolonisierten in Vietnam zuwendet, dies ist auch ein Protest im Namen der französischen Sprache und Kultur gegen die Kolonialmacht Frankreich; sie lässt sich aber ebenso wenig von der Gegenseite vereinnahmen, sondern spürt der Poesie als dem legitimen Erbe eines Volkes nach, das sie in die Sprache des Feindes übersetzt, rettet für ein künftiges Gespräch. Dass sie aber auch – und gerade – die Poesie jener Verfolgten überträgt, die sich gleichwohl nach 1945 von der Sprache der Mörder nicht abwandten, die nicht zuließen, dass die deutsche Sprache ein Opfer der Diktaturen in Deutschland wurde – das ist keineswegs selbstverständlich. Es bedeutet für immer ein Zeichen größerer Hoffnung. Es ist die Hoffnung, als deren Zeugnis Mireille Gansel und Reiner Kunze so eindringlich das Werk von Peter Huchel befragen. Wenn in deutscher Sprache Gedichte wieder möglich sind, heißt dies, dass diejenigen, die diese Sprache sprechen, sich, ohne die Schuld und Verantwortung zu leugnen, doch zu wandeln vermögen. Reiner Kunzes dichterische Arbeit hat zumindest die Verführung durch die DDR und ihre Sprache überwunden. Sein Gedicht *sensible wege* spricht vom ‚Versiegen der Quellen' – wir dürfen vielleicht auch an die Quellen der Poesie denken, ebenso aber an alles, das Leben spendet wie das Wasser:

Sensibel
ist
die erde über den quellen: kein baum darf
gefällt, keine wurzel
gerodet werden

Die quellen könnten
versiegen

Wie viele bäume werden
gefällt, wie viele wurzeln
gerodet

in uns

Die Frage, wie es zu dieser inneren Verwüstung kommt, wird nicht ausdrücklich gestellt; für jeden, der nachdenklich liest, ist sie unausweichlich. – Auch dieses Gedicht hat Mireille Gansel übersetzt, und dieser Übersetzung hat sie einen nachdenklichen Prosatext gewidmet: *Das Gewicht eines Wortes / Le poids d'un mot* (S. 27–30). Es ist das erste Wort des Gedichtes, das zugleich so gewichtig ist, obwohl es von Zartheit und Empfindlichkeit handelt, aber vielleicht wird so ja das wahre Gewicht der Welt bestimmt. Die weiteren Verse – so Mireille Gansel – bieten sich gleichsam der Übersetzung dar. Allerdings gebe es in diesem Gedicht selbst – so Mireille Gansel im Nachdenken über jenes erste Wort und die Aufgabe des Übersetzens – schon eine doppelte Sprache, so dass es gleichsam selbst eine Übersetzung leistet, dass es den Leser unmerklich von einer Sprachwelt in die andere überführt. Das erste sei die Sprache eines Dichters in der DDR, 1933 in einer Bergarbeiterfamilie im (späteren) Osten Deutschlands geboren. Es ist freilich nicht die Sprache der DDR, aber es ist eine Sprache, die in der DDR sich der Wirklichkeit, der Genauigkeit und vielleicht eben auch der Wahrheit verpflichtet fühlt. Es ist die Sprache Bertolt Brechts, dem Reiner Kunze so viel verdankt. Aber, so fährt Mireille Gansel fort: „Ein Bruch mit dieser ‚realistischen' Erzählweise geschieht" erst „durch das Wort *sensibel*. Ein Wort, das vom Herzen und von der Seele kommt, das unter dem ‚Radar der Linden' entlang gleitet. Ein Wort, in dem kollektive Geschichte durch das Prisma einer individuellen Geschichte gebrochen wird." (S. 27) „Erst durch dieses Wort *unsensibel* nimmt das Wort *sensibel* eine weitere Dimension an. Es klingt wie ein dumpfes Echo, es wirkt wie eine Spiegelung in dunklen Wassern. Diese Worte des Dichters, mitten im Jetzt, eröffnen einen Raum im Wort der Dichtung, durchzogen vom Zeitgeist der Geschichte." (S. 31f.)

Dass Reiner Kunze diese Sprache fand, verdankt er, wie Mireille Gansel nachzuvollziehen weiß, einer Grenzüberschreitung. Es ist die Entdeckung der tschechischen Sprache der Poesie eines Ludvík Kundera, eines Vladimir Holan, eines Jan Skácel, die den jungen Poeten zu sich selbst führt: „Es war so leicht, den weg zu euch zu finden." (S. 25) „Es ist gerade in diesen Zeiten der Indoktrinierung in den 50er Jahren der DDR, dass der junge Dichter die tschechische Sprache entdeckt. Unterdrückt und niedergeschlagen nach dem Sieg der Katholischen Liga über die Böhmen in der Schlacht am Weißen Berg von 1620, die 200 Jahre des Exils oder der Übernahme der deutschen Sprache bei den Intellektuellen nach sich zog, sind es die einfachen Leute, mit denen die tschechische Sprache die kommenden Jahrhunderte überlebt. Sie überlebt als Sprache der Lieder und Gedichte, der Mythen und religiösen Texte. […] Sie wird Reiner Kunze seine eigene, seine innere Sprache eröffnen – damals unterdrückt und gleichsam verboten." (S. 29)

Doch bietet sie keine fest gebahnte Heerstraße, sondern nur einen zerbrechlichen Weg. Denn diese Dichter, die Reiner Kunze für sich entdeckt, sind in der kommunistischen Tschechoslowakei ja ebenso missliebig. Ihre Gedichte werden nicht gedruckt. Sie selbst sind Repressionen ausgesetzt. Die tschechische Sprache der Poesie ist gewiss nicht die Sprache des Staates; so verdrängt und bedrängt wie das Deutsch der DDR ist sie dennoch nicht. Sie weist Reiner Kunze den Weg über die von seinem Staat so eng gesteckten Grenzen.

Und doch scheint die Übersetzung Mireille Gansels nicht an ihr Ziel zu gelangen. ‚Fragil' nennt sie die Wege, aber damit ist nur die Gefährdung ausgesprochen. In der Gefährdung indessen ist zugleich die Menschlichkeit verborgen, wie sie das Wort ‚sensibel' fordert: Eine Empfindlichkeit, die den anderen spürt, die aber auch das Falsche spürt, wenn die anderen noch robust ihrer Wege gehen. Und damit fallen in dem Wort ‚sensibel' denn auch das Persönliche und das Politische in eins. Auch das Unrecht weckt die Sensibilität. Das hat die Geschichte beiden – dem Dichter wie der Übersetzerin – demonstriert. Im Jahr 1968 schien es in der Tschechoslowakei plötzlich möglich, dass ‚Böhmen' wieder ‚am Meer liegt', dass die Poesie in die Diktatur zurückkehrt und sie auflöst, dass ein menschlicher Staat entstehe, den sich die damaligen Reformer auch sozialistisch dachten. Doch die Panzer des Warschauer Paktes, die in Reiner Kunzes Heimatregion hier im Vogtland aufmarschierten, walzten diese Utopie nieder. „Plötzlich kommt mir wieder sein ‚chemins fragiles' in den Sinn. Dreißig Jahre nach dem Ende des Prager Frühlings drängt es sich mir auf, es neu zu übersetzen, als ‚chemins sensibles'." (S. 32)

Und wir sind damit dem Geheimnis der Übersetzung, so wie Mireille Gansel es erlebt und ergründet hat, wiederum nur einen Schritt näher gekommen, dem Impuls zu jener „große[n] Wette beim Übersetzen, im spezifischen Anderen das sichtbar zu machen, was unübersetzbar ist".[10]

Traduire comme transhumer: Der Weg, den Mireille Gansel in diesem Buch schildert, beginnt in Budapest. Wenn von dort ein Brief ankam, so versprach ihr Vater der kleinen Tochter: „Heute Abend, werde ich ihn euch übersetzen." In deutscher Sprache kannte er allerdings nur acht Worte. Und die hatte der Lehrer für die elf jüdischen Schüler der Klasse reserviert: *„du bist ein Stück Fleisch mit zwei Augen"* (S. 9). Es ist die Sprache der Mörder, die hier laut wird. Jahre später versteht die Tochter, dass des Vaters Verachtung für das Deutsche sich aus den bitteren Quellen eines gemeinsamen Leids und einer gemeinsamen Revolte speiste: Gegen das Deutsche, die Sprache der Mörder, und gegen das Hebräische, die Sprache einer verfolgten und erniedrigten jüdischen Existenz. Und so lehnte der Vater sein Leben lang jede Form einer Doppelsprache ab. – Der Weg führt weiter nach Prag. Der Prager jüdisch-deutsche Dichter Franz Werfel hat im Ersten Weltkrieg, als der Untergang dieser mitteleuropäischen Welt sich ankündigt, noch gewagt, es auszusprechen: Er fühle „connational mit den Unterdrückten aller Völker"[11] dieser Erde angesichts des gegenseitigen Mordens im Krieg. Er hatte noch nicht geahnt, dass nicht nur die einzelnen Menschen Mörder werden, sondern dass ganze Völker als Opfer hingemordet werden könnten. In diesem Prag herrschte Sprachenkampf, aber eine große Tradition der Übersetzung war begründet worden – hatten die ‚böhmischen Juden' doch als ‚nationale Utraquisten' par excellence agiert, hatten die Sprachgrenzen immer wieder überschritten, hatten übersetzt. In Wien besucht Mireille Gansel Überlebende des nationalsozialistischen Völkermordes, nach dem Krieg umgesiedelt aus der untergegangenen ‚Tripolis Praga', in der Tschechen, Deutsche und Juden lebten,[12] in die ehemalige Hauptstadt des schon längst zerstörten habsburgischen ‚Zentraleuropa', nach Wien. Sie sprechen noch dieses Deutsch eines Joseph Roth, eines Franz

10 Kunze/Gansel: Chausseen (wie Anm. 5), S. 58.

11 Franz Werfel: Vorrede zur deutschen Übersetzung von Petr Bezruč: Die Schlesischen Lieder, verdt. von Rudolf Fuchs. Leipzig: Kurt Wolff 1916. Zitiert nach: „Tripolis Praga". Die Prager Moderne um 1900. Katalog zur Ausstellung. Hg. von Walter Schmitz und Ludger Udolph. Dresden: Thelem 2001, S. 153.

12 Der Begriff geht zurück auf: Jiří Gruša, Eda Kriseová und Petr Pithard: Prag. Einst Stadt der Tschechen, Deutschen und Juden. München: Albert Langen 1993; vgl. weiterführend und ausführlich: „Tripolis Praga" (wie Anm. 11).

Kafka, eines Martin Buber; sie sind kultiviert: „Ein Wort als Würdeträger für Generationen von Juden in Mitteleuropa." (S. 13)

Und allmählich entdeckt die Tochter eines Vaters, der nur acht deutsche Worte kannte, ein anderes Deutsch. Es ist das Deutsch Mitteleuropas; sie schildert es in ihrem Essay *La Langue d'Eugénie Goldstein / Die Sprache Eugénie Goldsteins*, der künftigen Ethnologin des Alpenraums, die in Odessa geboren wurde und in dieses Deutsch als ‚Mutter- und Fremdsprache' hineinwuchs: „Das Deutsche war eine grenzübergreifende Sprache für Generationen von Juden in diesem Europa, das man ‚Mitteleuropa' nannte. Jedenfalls für diejenigen an den Grenzen des Reiches und in dessen ‚angefügten' Gebieten. Ein Deutsch, von dem Imre Kertész sagt, dass es ‚übernational' sei, von dem Aharon Appelfeld berichtet, dass ‚in ihm unvorhersagbare Worte aus all den Sprachen fließen, die uns umgaben'. Eine Sprache, die die Mütter liebten und kultivierten und mit ihren Kindern sprachen, ohne dass sie dabei zu ihrer Muttersprache wurde. Eine paradoxe Situation einer Epoche, einer Geographie und eines Milieus."[13] Es ist das Deutsch Franz Kafkas und Franz Werfels in Prag, das Deutsch des Aharon Appelfeld aus Czernowitz, das Deutsch, in dem Theodor Herzl aus Budapest seine Vision eines jüdischen Staates formuliert hatte, und es war jene Sprache, von der Soma Morgenstern in seinen Jugenderinnerungen aus der entlegenen galizischen Provinz schreibt: „Du kannst lernen was immer – wenn du Deutsch nicht kannst, bist du kein gebildeter Mensch."[14] So jedenfalls hatte die Mahnung von Morgensterns Vaters gelautet. – Und auch der letzte Patriarch von Mireille Gansels Familie lebte mit diesem Deutsch, das für eine Sprache ohne Territorium und ohne Grenzen einsteht: „Eine gemeinsame Sprache aus einer Welt, die nicht mehr existiert." (S. 10) – Jede Übersetzung speist sich wohl aus Sehnsucht und Trauer, aus jener Erfahrung des ‚endgültigen Verlustes der universellen Sprache', die Walter Benjamin im Blick auf den Mythos des Turms zu Babel als ‚reine' und ‚vollkommene Sprache' definierte, in der alle einander verstehen konnten; Jean-Claude Duclos hat in seinem Vorwort zur französischen Originalausgabe nochmals daran erinnert, wie nach diesem „endgültigen Verlust der universellen Sprache" die Menschheit dazu verurteilt sei, „die Überwindung der Fremdheit stets neu anzugehen".[15] Und eine Übersetzerin wie Mireille Gansel stelle sich dieser Aufgabe, einer Aufgabe der Wiederbelebung – gerade für das Deutsche. ‚Übersetzen', das gewinnt für Mireille Gansel einen dreifachen poetischen Sinn – als Erinnerung und Eingedenken an die Opfer der Geschichte, als eine Form der liebenden Zuwendung und als die Kraft zum Widerstand. Rückblickend erkennt Mireille Gansel, dass sie schon in ihrer germanistischen Diplomarbeit sich eben einem

13 Eugénie Goldstern (wie Anm. 3), S. 95. (Übertragung WS. Ich verzichte hier auf Wörtlichkeit und verwende den Ausdruck ‚Mitteleuropa' im Sinne derer, die diese Region nicht dem ‚Ostblock' überantworten wollten; im französischen Original heißt es „cette Europe dite centrale".)

14 Soma Morgenstern: In einer anderen Zeit. Jugendjahre in Ostgalizien. Hg. von Ingolf Schulte. Berlin: Aufbau 1999, S. 86.

15 So Jean-Claude Duclos im Vorwort zur französischen Originalausgabe von *Traduire comme Transhumer*, hier nach der Übersetzung von Jean-Pierre Anderegg.

Werk der Weltliteratur zugewandt hatte, das all dies enthält – die *Antigone,* wie sie Bertolt Brecht nach dem Weltkrieg neu geschaffen hatte: „eine Figur des Widerstands par excellence" (S. 22). Und in der Begegnung mit Bertolt Brecht und Helene Weigel in Ostberlin erfährt sie eine Gemeinschaft, die nicht nach Grenzen fragt – „Gastfreundschaft" (S. 22). Damit beginnt ihre Annäherung an die schon fast verloren geglaubte eigene Geschichte.

Nach dem – unerbittlich vorangetriebenen – Völkermord an den Juden Mitteleuropas, nach der Auslöschung ihrer deutschsprachigen Kultur schienen auch die Worte der Dichter gleichsam in ein Totenreich gebannt. Dass sie wieder gehört – und gelesen – werden konnten, ist einem humanen Erbe in dieser deutschen Sprache zu verdanken, das durch keine Rede der Deutschen zu vernichten war; war man sensibel dafür, so mochte man noch weiterziehen – ‚transhumer' – in jene Gefilde einer immer neu zu vergegenwärtigenden Menschlichkeit. Es sind Worte vom Rande der Geschichte, die der Geschichte ihren Maßstab geben – bei Paul Celan, bei Nelly Sachs, bei Reiner Kunze. Es sind Botschaften aus einer Zeit jenseits der Zeitlichkeit. Mireille Gansel hat früh in ihrem Leben den Zugang zu „eine[r] deutsche[n] Sprache" der Seele (S. 9) gefunden, die sich den Ordnungen staatlicher Bildung – und sogar den Gewaltmustern der Geschichte – entzieht, den Weg zu einer Sprache der Poesie. Sie weiß nicht nur von der Sprache des untergegangenen Mitteleuropa, sie begegnet auch dem Deutsch Goethes, das aus dem Inneren der Poesie hinaus in ein anderes Land verweist: *Kennst du das Land, wo die Zitronen blühn, // Im dunkeln Laub die Goldorangen glühn.* Auch diesen Satz hat Mireille Gansel aufgenommen und in die französische Sprache hinübergetragen. Und die Geschichte ihrer ‚Übersetzungen' führt diesen Weg weiter.

BIBLIOGRAPHIE

1971: *Anthologie de la RDA*. Übersetzt von Mireille Gansel. Sammelband *Les Lettres Nouvelles.* Hg. v. Maurice Nadeau. Erschien bei Denoël.

1971: Beteiligung an *Trésor de l'homme* (Gedichte und Geschichten aus Vietnam). Erschienen bei La Farandole.

1973: Blaga Dimitrova: *L'enfant qui venait du Vietnam.* Gemeinschaftliche Übersetzungsarbeit mit der Autorin. Erschienen bei du Seuil.

1973–1975: Arbeit in Hanoï an der III. und IV. Anthologieausgabe vietnamesischer Dichtung.

1975: *Sang et Fleurs.* Gespräche mit dem Dichter To Huu mit einer Auswahl von Gedichten. Vorwort von Pierre Emmanuel. Hg. v. Français Réunis.

Des nouvelles de l'homme – Gedichte. In: Maurice Nadeau: *Les Lettres Nouvelles* (1975). Dann erschienen bei fleuve rouge, 1985.

Mitwirkung am Film *Rencontre d'Hauvillers* auf den Wunsch von Pierre Emmanuel.

1979: *Fleur de béton.* Édition Flammarion, hg. von Père Castor. Auch in *Anthologie de la poésie vietnamienne.* Erschienen 1981 bei Gallimard.

1985: *Chants-Poème des Monts et des Eaux.* Anthologie mündlicher Überlieferungen der vietnamesischen Bergvölker. Übersetzt von Mireille Gansel. Mit einem Vorwort von Georges Condominas. Erschienen in Sud-Est-Asie/Unesco. Auch in *Mille ans de poésie vietnammienne.* Hg. v. Philippe Picquier, 1996.

1999: Nelly Sachs: *Eclipse d'Etoile.* Übersetzt von Mireille Gansel. Erschienen bei Verdier.

Nelly Sachs/Paul Celan: *Correspondance.* Übersetzt von Mireille Gansel. Erschienen bei Belin.

Reiner Kunze: *Poèmes et Discours de Bad Hombourg.* Übersetzung von Mireille Gansel. Revue Conférence N°9.

2000: *Le violon de la paix.* Übersetzte Schriften von Yehudi Menuhin als Rhapsodie. Erschienen bei Alternatives.

2001: Reiner Kunze: *Un jour sur cette terre.* Übersetzt von Mireille Gansel. Erschienen bei bilingue.

2002: Nelly Sachs: *Exode et Métamorphose.* Übersetzt von Mireille Gansel. Erschienen bei Verdier.

2003: Mireille Gansel: *À propos de Nelly Sachs et la nuit.* Revue Chemins N°7.

2004: Reiner Kunze und Mireille Gansel: *Die Chausseen der Dichter – ein Zwiegespräch über Peter Huchel und die Poesie*. Erschienen bei Radius.
2005: Nelly Sachs: *Partage-toi, nuit*. Übersetzt von Mireille Gansel. Erschienen bei Verdier.
2006: Reiner Kunze/Mireille Gansel: *In time of need – a conversation about poetry, resistance & exile*. Übersetzt von Edmund Jephcott. Mit einem Essay von Ritchie Robertson. Erschienen bei Libris, London.
Larmes de neige. Gedichte. Nachwort von Claude Vigée. Erschienen bei Calligrammes.
Mireille Gansel/Le Ba Dang (Künstler): *L´aimée de la rivière noire. Chant-Légende du peuple Hmong*. Erschienen bei Alternatives.
Le Désert dans la tradition hébraïque. In: *Le Livre des Déserts*. Hg. v. Robert Laffont.
2007: Reiner Kunze/Mireille Gansel: *La Nasse d´étoile. Dialogue pour surmonter l´exil*. Erschienen bei Calligrammes.
Eugénie Goldstern ethnologue de l´Arc Alpin. Das Gesamtwerk. Übersetzt von Mireille Gansel. Hg. v. Musée Dauphinois.
Texte in: *Eugénie Goldstern, être ethnologue et juive dans l´Europe alpine des deux guerres*. Hg. v. Musée Dauphinois.
2008: *Et l´homme se retrouve*. Gespräche mit Jean-Pierre Laurent. Cheminement Muséographiques. Hg. v. Musée Dauphinois.
2009: Reiner Kunze: *Nuit des tilleuls*. Übesetzt von Mireille Gansel/Gwenn Darras. Erschienen bei bilingue/Calligrammes.
2010: *Chroniques de la rue Saint-Paul*. Erschienen bei Calligrammes.
2011: Grand Prix de traduction Gérard de Nerval de la Société des Gens de Lettres.
2012: Reiner Kunze: *L´étang est ma table*. Nachwort von Mireille Gansel. Erschienen bei Calligrammes.
2013: Reiner-Kunze Preis der Stadt Oelsnitz.
2013: *Reiner Kunze – Invitation à une tasse de thé au jasmin*. Hg. v. Cheyne. Erschienen bei bilingue.

INHALT